चालीस दिन

चालीस दिन

डॉ. धुग्गा गुरप्रीत

MANJUL
मंजुल पब्लिशिंग हाउस

MANJUL

मंजुल पब्लिशिंग हाउस

कॉरपोरेट एवं संपादकीय कार्यालय

• द्वितीय तल, उषा प्रीत कॉम्प्लेक्स, 42 मालवीय नगर, भोपाल-462 003

विक्रय एवं विपणन कार्यालय

• सी-16, सेक्टर 3, नोएडा, उत्तर प्रदेश, 201301

वेबसाइट : www.manjulindia.com

वितरण केन्द्र

अहमदाबाद, बेंगलुरू, कोच्चि, कोलकाता, चेन्नई,

हैदराबाद, मुम्बई, नई दिल्ली, पुणे

चालीस दिन

यह संस्करण 2026 में मंजुल पब्लिशिंग हाउस प्राइवेट लिमिटेड द्वारा प्रकाशित

यह संस्करण 2026 में पहली बार प्रकाशित

मूल पंजाबी संस्करण ऑटम आर्ट पब्लिशिंग द्वारा प्रकाशित

ISBN 978-93-7317-211-8

मुद्रण व जिल्दसाज़ी : थॉमसन प्रेस (इंडिया) प्राइवेट लिमिटेड

समर्पण

मेरे गाँव की आशीषों से लबालब भरी मिट्टी को।
दादियों की ममतामयी आँखों को,
बाबेओं के 'अट्टनों' वाले हाथों को।
राह निहारती गाँव की उदास 'जूह' को,
साझे घरों के उजड़े उस 'कुएँ' को।
अठखेलियों से लबरेज़ मेरे गाँव को
...गाँव धुग्गा कलां को...।

...विजय और पराजय के बीच मात्र एक अधूरी कहानी का अंतराल होता है...

जिस तरह दुनिया में इन्सानी भीड़ का सैलाब फैल रहा है... आदमी भीतर से और भी अकेला होता जा रहा है। नये युग की सुविधाएं जब से आदमी को प्राप्त हुई हैं, उसका मानसिक सुकून छूटने लगा है। इस त्रासदी ने अपने विकराल पंजों से एक सदी से बहुत तीव्रता से अपने पाँव फैलाए हैं।

जबकि आदमी इस ब्राह्मण्ड का सबसे प्रखर बुद्धिमान जीव है, जो अच्छे-बुरे को पहचानने में सक्षम है, फिर भी वह अप्रसन्न है, सुख की तलाश में रहता है और इसी सुख को तलाशते-तलाशते और भी दुःखी हो जाता है।

बेचैनी की इस अंधी दौड़ का कारण क्या है? कुछ व्यक्तिगत कारणों के अतिरिक्त एक मूलभूत कारण यह भी है कि हमारे अपने मन के भीतर की सोच और मानवी व्यवहार को परखने की कमी है। क्षणिक प्रसन्नता चाहे दिल बहलाने वाले साधनों के ज़रिए प्राप्त हो सकती है... लेकिन... मानसिक सुकून मानवी-व्यवहार को समझने में ही है। पूर्वजों से लेकर दानिशमंदों, गुरुओं, पीर-पैगम्बरों और दार्शनिकों ने भी हमें यही समझाने की कोशिश की है। इन्हीं कोशिशों में से कई धर्मों का जन्म हुआ, जो बाद में सड़ी-गली रीतियों में अटक कर भटकाव का कारण बने।

किस्से-कहानियाँ और कविताएं ज़िन्दगी कटु सच्चाइयों को जानने का ज़रिया रही हैं। सभी धार्मिक ग्रन्थ इसके साक्षी रहे हैं। कथा-कहानियाँ सुनने-सुनाने का क्रम भी संभवतः तभी से प्रारम्भ हो गया था, जबसे आदमी ने बोलना सीखा था। कई कहानियाँ स्पष्ट और कई सांकेतिक होती हैं, जो हमारी दिमागी सोच के प्रवेश द्वार खोलती हैं।

सुख-दुःख और ज़िन्दगी की सच्चाइयाँ मात्र धार्मिक स्थलों के ही विषय नहीं हैं... यह सामंजस्य व्यक्तिगत है। तभी तो चौपालों पर होती हुई वार्तालाप और दादियों की कहानियाँ किसी सत्संग के कम नहीं होती थीं।

हमारे इतिहास और मिथिहास में चालीस दिनों का बहुत महत्त्व है। चालीस दिनों में घटित कई प्राचीन घटनाओं से दुनिया में व्यक्तिगत और सामाजिक बदलाव हुए हैं।

केसर और फ़कीर के साथ-साथ यह सफ़र मेरा भी है, जो संभवतः उस दिन प्रारम्भ हुआ था, जिस दिन मेरे परिवार के बुजुर्ग, सैन्तालीस के त्रासद बंटवारे में ज़िला सरगोधा के चक न.19 से बैल गाड़ियों से अपना सामान लादे हुए भरे मन से चले थे।

हम सभी के भीतर एक 'केसर' सरसराता है, जो अपने उद्देश्य और मंज़िल की तलाश में भटक रहा है... लेकिन...'फ़कीर' जैसा पथ-प्रदर्शक हर किसी के हिस्से में नहीं आता...

यह 'वृतान्त' इसी सिलसिले में, ज़िन्दगी की सच्चाइयों को जाँचने और सार्वजनिक करने का प्रयास मात्र है... उम्मीद है कि इसे स्वीकारोगे।

चालीस दिन

अमृत बेला

केसर एकाएक नींद से उठा। चहूँ ओर घुप्प अंधेरा और भयावह चुप्पी। उसे अपनी साँसों का स्वर सुनाई दे रहा था। चारपाई के नीचे से अपना झोला निकाला, जिसमें उसने रात को ही कुछ कपड़े संभाल लिए थे। झोले में से उसने अपनी दादी के लिए, जिसे वह बेबे कहता था, पिछली रात लिखी हुई चिट्ठी अपने सिरहाने रख ली। उसे इस बात का इत्मीनान था कि जब बेबे सवेरे उसके लिए चाय लेकर आएगी तो चिट्ठी अवश्य ही देख लेगी। केसर को ज्ञात था कि बेबे उसे चारपाई पर न देख हड़बड़ाहट में चिट्ठी को पढ़वाने पड़ोसियों की बहू के पास ज़रूर जाएगी। इतना सोचते ही एक बार तो उसका दिल तरल हो गया, लेकिन उसने घर से चले जाने के लिए अपने दिल को मज़बूत कर लिया था।

उसे पालने-पोसने वाली बेबे ही थी। माँ तो सैन्तालीस के विभाजन की बलि चढ़ गई थी, तब वह मात्र छः-सात साल का रहा होगा। बापू भी उसके बाद बीकानेर में ज़मीन खरीदने के चक्कर में कभी वापस नहीं लौटा। लोग तरह-तरह की फब्तियाँ कसने लगे थे... कोई कहता कि बापू ने वहीं ब्याह रचा लिया है तो कोई कहता कि उसे किसी ने क़त्ल कर दिया है। पिछला पूरा दशक बेबे ने सदियों की मानिन्द गुज़ारा था।

बेबे को आख़िरी बार बापू की चिट्ठी बीकानेर की किसी सराय के पते से आई थी, जिसे बेबे ने शिद्दत से संभाले रखा था और आज केसर ने वही चिट्ठी अपनी जेब में रख ली थी। दरअसल वह बापू को तलाशने के लिए घर से निकला था। उसने अपने घर के निकलने की बेबे को भनक तक नहीं होने दी थी। बापू के जाने के बाद बेबे ने कभी उसे आँख से ओझल नहीं होने दिया था तो इस तरह बीकानेर कैसे जाने देती उसे?? वह मन ही मन अटकलें लगाने लगा कि जब वह बापू को लेकर वापस आएगा तो बेबे की खुशी से बल्लियाँ उछल पड़ेंगी... और... सारे गिले-शिकवे जाते रहेंगे... अतीत के कड़वे वर्ष माथे पर आई शिकन की तरह पुछ जाएंगे।

उसने बेबे की चारपाई की तरफ गहरी आँख से निहारा लेकिन घुप्प अंधेरे के सिवा कुछ भी दिखा नहीं। उसने नयी जूती 'ट्रंक' से निकाल कर हाथों में पकड़ ली, जो अभी पिछले महीने ही गाँव के मोची से बनवायी थी, जिसे मात्र एक बार ही बैसाख़ी के मेले में पहना था। वह दबे पाँव घर से बाहर गली में आ गया। एकाध घरों से दीयों की झरती रोशनियों के अलावा कहीं भी उजाला नहीं था। अभी पौ नहीं फूटी थी। गली में सोया हुआ एक कुत्ता उसके पाँव की आहट से अवश्य उठ गया था। रोते हुए कुत्ते की लम्बी हूक से वह उदास हो गया था।

अपनी हवेली के आगे से गुज़रते हुए केसर के कदम एकाएक रुक गए। उसके दिल में आया कि भीतर जाकर तीख़े सींगों वाली भूरे रंग वाली 'झोटी' और बाकी ढोर-डंगरों को एक बार अन्तिम बार निहार ले।

उसका ध्यान साथ वाले ज़ैलदारों के घर की तरफ गया तो उसे दीवार के साथ लगी सीढ़ी पर किसी परछाई का भ्रम हुआ... कहीं यह उसकी जीती तो नहीं...केसर ने गिरते-गिरते मुश्किल से स्वयं को संभाला... वहाँ तो कोई भी नहीं था। केसर को लगा कि उसके पाँव चलने में उसका साथ नहीं दे रहे।

तारों की छाँव में, गाँव के बाहर वाली पगडण्डी लाँघते ही वह 'रोही' वाले खुले रास्ते पर आ गया था। उसने एक बार फिर सोए हुए गाँव को निहारा। कन्धे पर लटकते हुए झोले को कसके पकड़ते हुए... तेज़ कदमों से पाँव बढ़ाते हुए गाँव के बाहर उदासी साधुओं की डेरे वाली टीले की तरफ मुड़ गया।

उसे स्मरण हो आया कि बचपन के दिनों में वह बापू के साथ इस कुटिया में जाने कितनी बार आया होगा। साधुओं, फ़कीरों और फक्कड़ों का यहाँ आना-जाना लगा ही रहता था तब। कोई यहाँ दो-चार महीनों के लिए टिकता तो कोई चार दिन... लेकिन... जब कभी उसका बापू से मिलने का मन होता तो वह इस कुटिया में पहुँच जाता।

बचपन में आँखों में समाया बापू का चेहरा अब विस्मृत होने लगा था, फिर दस सालों का अंतराल भी तो बीत गया था।

कल जब वह कुटिया में आकर बैठा ही था कि एक खूब लम्बी दाढ़ी और छरहरी-सी काया वाला, खुला चोला पहने एक फ़कीर उसके पास आकर उससे बतियाने लगा था। जब उस फ़कीर ने उसे बताया कि वह कल मुँह अंधेरे बीकानेर जाने के लिए रवाना होगा तो केसर एकाएक उठ खड़ा हुआ था।

जब उसने अपना बीकानेर जाने का मकसद बताया तो वह फ़कीर कुछ देर तक अवाक रह गया। तभी उस फ़कीर ने अपनी लम्बी दाढ़ी पर हाथ फ़ेरते हुए कहा,

'बरखुरदार... चालीस दिन लग जाएंगे, रेतीले इलाकों में पैदल ही चलकर जाना पड़ता है... खाने को कभी-कभार भुने हुए चने ही नसीब होते हैं और पीने के लिए पानी तो ढूँढने से भी नहीं मिलता...'

उसे फ़कीर की हर बात स्वीकार थी।

आज वह अपने कपड़े और जूती झोले में डाले हुए, नंगे पाँव ही तेज़ कदमों से कुटिया की तरफ चल पड़ा था। वह उस फ़कीर के वहाँ से निकल जाने से पहले ही कुटिया में पहुँच जाना चाहता था।

धीरे-धीरे उजाला पसरने लगा था। टीले पर झाड़ीनुमा दरख़्त अब उसे साफ़ दिखाई देने लगे थे। चाँद और बादलों की लुकाछुपी में चाँद की रफ़्तार और भी तेज़ होती हुई प्रतीत होने लगी थी, जैसे उसे सूरज के उगने की भनक लग गई हो।

❖ ❖ ❖

दिन-पहला

कुछ भी अकस्मात नहीं होता, हमें समझने में ही देर होती है।
ना सुख रहता ना दुःख रहता, रात ढलती है और रोज सवेर होती है।

उदासीन साधुओं की यह कुटिया, टीले की सबसे ऊँची जगह के पूर्व की तरफ़ एक ढलान पर स्थित थी। वहाँ तक पहुँचने के लिए एक पगडण्डी बनी हुई थी, जो सघन छाया वाले दरख़्तों के झुण्ड से होकर गुज़रती थी। इस जगह पर सरींह, सुहंजना, शहतूत, शीशम, डेक, बाँस, जामुन, आम और बेरियों के पेड़ अपनी गहरी छाया के कारण दिन में ही रात होने का भ्रम पैदा करते थे। इन दरख़्तों पर चिड़ियाँ, कौवे, घुग्गियाँ, कबूतर, तोते, सारिकाएं और चक्कीश जैसे पक्षी पूरा दिन चीख-चिहाड़ा करते रहते जैसे वे किसी अनबूझ झगड़े का निपटारा कर रहे हों।

कुटिया के एक तरफ बहुत विशाल बरगद का दरख़्त था, जिसकी झूल रही जड़ों को देख ऐसे प्रतीत होता कि जैसे वह भी इस लम्बी उम्र भोग रहा कोई बुज़ुर्ग हो। कुटिया की दूसरी तरफ़ हलटी वाला कुआँ था, जिसे हाथ से चलाना पड़ता था। हर आने-जाने वाले मेहमान और पक्षियों के लिए, पीने के पानी का इन्तज़ाम इसी 'हलटी' से ही होता था।

कुटिया के सामने ही जगह की सफ़ाई करके एक विशाल प्रांगण बना हुआ था, जहाँ पूरा दिनभर मोर तथा अन्य पक्षी टहल-कदमी करते रहते। यहाँ तक कि कभी-कभार तो मोर कुटिया के भीतर तक भी आ जाते। गुफ़ानुमी कुटिया का संकरा-सा किवाड़ प्रायः खुला ही रहता था।

केसर टीले की चढ़ाई चढ़ने के कारण कुछ देर साँस लेने को रुक गया था। लम्बी दाढ़ी वाला फ़कीर, कबूतरों और चिड़ियों को चुग्गा डालते हुए दिखा था।

उसके कदमों की आहट सुनकर फ़कीर ने कहा, 'आ गया तू...बरखुरदार...? आ बैठ तो...'

फ़कीर ने उसे एक मुट्ठी भर भुने हुए चने दिए, 'हलटी' को चलाते हुए 'मशक' में ताजा पानी भरा और धीरे-धीरे टीले की तरफ चल दिया। केसर भी उस फ़कीर के पीछे-पीछे चलने लगा। केसर ने अपना चितकबरा अंगोछा खोल कर फिर से अपने सिर पर बान्ध लिया। दिन के उजाले में उसे अपना कुर्ता-पायजामा कुछ-कुछ मैला-सा प्रतीत हुआ और दूसरा धुला हुआ कुर्ता-पायजामा उसके झोले में था। उसने दाएं कन्धे पर झूल रहे झोले को बाएं कन्धे पर टांग लिया।

फ़कीर लगभग 65-70 साल की उम्र वाला बुज़ुर्ग था... लेकिन... वह चाल-ढाल से खूब चुस्त दिखा था। घुटनों से भी नीचे तक लम्बे भगवे रंग के चोले में फ़कीर और भी क़दावर दिख रहा था।

फ़कीर के दाएं हाथ में लगभग पाँच फुट लम्बा डण्डा था, जो ऊपर की तरफ़ से थोड़ा मुड़ा हुआ था। गले में सफ़ेद मटमैला-सा तौलिया दाएं कन्धे पर भुने हुए चनों वाली पोटली और बाएं कन्धे पर पानी वाली 'मशक' उठाए, फ़कीर हाथ में डण्डा पकड़े हुए बहुत धीरे-धीरे चल रहा था।

'हम सूरज सिर पर आने से पहले-पहले थोड़ा सफ़र ख़त्म कर लें... अगर थकावट महसूस हो तो बता देना 'गबरूआ'... कुछ देर रुककर आराम कर लेंगे...' फ़कीर ने चुपचाप पीछे चलते हुए केसर से कहा था।

'हूँ...' उसने नज़रें झुकाए हुए ही उत्तर दिया। 'बेबे' जाग गई होगी...' वह सोचने लगा था। कल और आज तक कितना कुछ घटित हो गया था। मन

में घबराहट तो थी ही, लेकिन लम्बी दाढ़ी वाले फ़कीर पर उसे 'रब्ब' की मानिन्द भरोसा हो चला था। अगर बापू ने मुझे ना पहचाना तो...? दस सालों के अंतराल में मैं उम्र में भी तो काफी बड़ा हो गया हूँ ना... बेबे से दो 'गीठ' लम्बा... विचारों की उथल-पुथल में विचरते हुए उसने गले में झूल रहे ताबीज़ पर हाथ फिराया। बेबे ने कहा था कि यह ताबीज़ उसकी प्रथम 'लोहड़ी' के वक़्त बापू ने पहनाया था। इस की काली डोरी बेबे ने ख़ुद बनाई थी। वह हर साल नई डोरी बनाकर गले में डाल देती। यही तो एक मात्र बापू की निशानी बची थी... शायद इसे देखकर बापू मुझे पहचान जाएगा और मुझे आख़िर आलिंगन में ले लेगा... उसने कंपकंपाते हुए दिल से सोचा था।

'क्या सोच रहा है... बरखुरदारा...?' फ़कीर ने केसर की तरफ़ देखते हुए पूछा। 'चिन्ता नहीं करनी... सब कुछ 'रब्ब' की रज़ा के मुताबिक उसकी रज़ा में ही घटित हो रहा है...'

'यह ले... यह पत्थर अपनी जेब में रख ले...' उसने केसर को एक छोटा-सा काले रंग का पत्थर देते हुए कहा। केसर ने चमचमाते हुए पत्थर को अपनी हथेली में पकड़ते हुए देखा और अपनी जेब में सटा लिया।

'और... यह दूसरा पत्थर मैं तुम्हें यात्रा की समाप्ति पर दूँगा...' फ़कीर ने हाथ में पकड़ा हुआ एक सफ़ेद पत्थर केसर को दिखाते हुए कहा।

'जब कभी भी कुछ समझ में ना आए तो इन दोनों पत्थरों को हथेली पर रखकर अंतर्धान हो जाना... परमात्मा तुम्हें अपने आप बरकत देगा...' फ़कीर के वचन केसर को भीतर से पुख़्ता कर रहे थे।

केसर ने आठवीं की पढ़ाई के बाद फिर कभी स्कूल की शक़्ल नहीं देखी थी। वह फ़ौज में भर्ती होना चाहता था... लेकिन... बेबे को उसके ब्याह की बहुत जल्दी थी। की...'

'अगली बैसाखी को पुत्तर तू अठारह साल का हो जाएगा...' बेबे ने कहा था।

'और... फिर हमारे यहाँ रिवाज़ है... लड़का अठारह और लड़की को सोलह साल उसे ऊपर नहीं यहाँ होने देते... यही तो उम्र होती है ब्याह पिछले दो-तीन सालों से वह बस खेत और ढोर-डंगरों को ही संभालता रहा था। खेतीबाड़ी से मुश्किल से गुज़ारा ही होता था। रोही वाले सात खेतों में अनाज, मक्की, कमाद और बंजर हुए खेतों में पशुओं का चारा। निचली तरफ़ वाला ख़ेत बस भूसे के कुप्प, उपले और लकड़ियाँ संभालने के ही काम आता था।

छोटे-से घर में उसकी दुनिया में बेबे थी या भीतर वाली बैठक की दीवारों पर बापू और माँ की पुरानी तस्वीरें टंगी रहतीं जो उन्होंने 'गरना साहब' की बैसाखी पर खिंचवायी थीं।

दिन ढलने की कगार पर था। फ़कीर ने एक ऊँची और सलामत जगह की तरफ़ संकेत करते हुए कहा, 'आज की रात यहीं रुक लेते हैं...' फिर उसने अपने डण्डे से झड़े हुए पत्तों को एक तरफ़ सरकाते हुए, एक लोई निकाली और ज़मीन पर बिछा दी। केसर ने उसकी पोटली, पानी वाली मशक और अपना झोला एक ओर टिका दिए।

' साईं जी ... लाइए मैं आपकी टांगें दबा दूँ... आप थक गए होंगे...?' केसर ने फ़कीर के पास बैठते हुए पूछा।

'तेरा नाम क्या है बरखुरदारा...?' फ़कीर ने पसरते हुए पूछा।

'केसर...!' उसकी तरफ़ झाँकते हुए केसर ने उत्तर दिया।

'तू अपने नाम की तरह 'केसर' ही है, बहुत तहज़ीब सिखा रखी है तुम्हें तेरे घरवालों ने... तू दुनिया में केसर की तरह ही महक बाँटता रहेगा...' उसने केसर के सिर पर हाथ रखते हुए, आशीर्वाद दिया और लेट गया।

केसर ने धीर-धीरे फ़कीर के पाँव दबाने का क्रम जारी रखा। फ़कीर के हाथ जुड़े हुए थे, तभी उसने भक्ति करनी शुरू कर दी थी... जो द्वार तेरा... खुले आसमान की छत के नीचे पसरे हुए केसर को यह दुनिया अपने गाँव की दुनिया से बहुत ही अलग-सी लगी। सरसराती हवा, टीलों-टिब्बों की परछाइयों पर जुगनुओं की टिमटिमाहट ने उसके दिल को अद्भुत-सा सुकून दिया था।

रात और भी गहराने लगी थी... साथ ही लगते रास्ते पर जा रहा कोई राहगीर कोई गीत अलाप रहा था...

कोयल की रागिनी और विरह के साज को।
एकान्त में बैठ, कभी सुन तू रूह की आवाज़ को।

❖ ❖ ❖

दिन-दूसरा

अगम हो, अगोचर हो, अपार हो तुम, मेरी उत्सुकता का आधार हो तुम।

(आदमी हर रोज अपने दिल को तलाशता है)

दूसरे दिन, पौ फटते ही दोनों अपनी मंज़िल के रास्ते पर चल दिए। चिड़ियों के चहकने के अलावा अभी पूरी कायनात सन्नाटे का जंगल प्रतीत हो रही थी।

सूरज की उगती हुई किरणों के साथ ही फ़कीर के कदम एकाएक रुक गए। उसने क्षणिक उगते सूरज को निहारते हुए कहा, 'सूरज परमात्मा की दयालुता का प्रतीक है... अगर एक दिन भी कभी सूरज ना निकले तो दुनिया एकदम ठहर-सी जाए... कुदरत को निहारना 'रब्ब' के दर्शन करने तुल्य है...'

'साईं जी... आपने कभी 'रब्ब' के दर्शन किए हैं...?' केसर के प्रश्न में जिज्ञासा तथा भय दोनों ही समाहित थे।

फ़कीर ने केसर की तरफ़ देखते हुए कहा, 'यूनानी लोगों के मुताबिक 'रब्ब' ने दुनिया का निर्माण सिर्फ़ छः दिनों में किया था... प्रथम दिन को उसने रोशनी का निर्माण किया, जिससे दिन और रात का सृजन हुआ, दूसरे दिन आसमान, तीसरे दिन धरती और वनस्पति का निर्माण किया, चौथे दिन सूरज, पाँचवें दिन पानी और जीव-जन्तुओं की उत्पति की, छठे दिन 'रब्ब' ने मानव का निर्माण किया और अन्त में सातवें दिन जमकर आराम किया...!' केसर बिना तन्द्रा टूटे यह सब सुनता रहा था।

'सुनने में आता है कि शुरू-शुरू में आदमी एकदम उदास था... उसे उदास हुए देख 'रब्ब' उसके साथ क्रीड़ा करने की सोची... दोनों लुकाछुपी खेलने लगे... 'रब्ब' की छुपने की बारी पहले आई थी, क्योंकि धरती अभी नितान्त जन-विहीन थी, छुपने की कोई भी जगह 'रब्ब' को नहीं दिखी थी... 'रब्ब' ने गहनता से

मनन करने के उपरान्त आदमी के दिल में छुपने का निर्णय किया... सुनते हैं कि आजतक 'रब्ब' आदमी के दिल में ही छुपा हुआ है और आदमी 'रब्ब' को बाहर ही इधर-उधर तलाशता फिरता है, सिर्फ़ अपने भीतर ही नहीं झाँकता...' इतना कहते ही, फ़कीर किसी गहरी सोच में डूब गया... और केसर उसके माथे की लकीरों में...

'आदमी हर रोज दिलों को तलाशते हैं...' इस अलाप ने केसर को गहरी सोच में विचरते हुए उठा दिया था, जैसे अमृत-वेला में किसी ने खान की तान छेड़ दी हो।

टीलों-टिब्बों की परछाइयाँ जब रास्तों से भी लम्बे हो गईं तो वे दोनों एकाएक रुक गए। रास्ते से थोड़ी दूर, एक विशाल चबूतरा राहगीरों के रुकने के लिए बना हुआ था। किसे भले मानुष ने चबूतरे के चारों तरफ डेक के पेड़ अच्छे दिनों में वहाँ लगा दिए थे, जो दिन के समय राहगीरों को बैठने के लिए छाँव और रात को पाखियों को ठहरने के लिए पनाह देते थे।

चबूतरे की बगल में एक 'हैंड पम्प' था। उन्होंने उस नलके को चलाते हुए हाथ-पाँव धोए तथा वहीं रातभर विश्राम करने की सोची। फ़कीर ने अपनी पोटली में से सफ़ेद रंग की डोरी से बनी हुई माला निकाली, जिसमें गाँठदार मनके बने हुए थे। माला को हाथ में पकड़े वह साधना में लीन हो गया। ऐसा लगा था, जैसे समय रुक गया हो और सृष्टि अलाप करती हुई प्रतीत हो रही हो... सन्नाटे का हवन हो रहा हो, जैसे दिन रात की गोदी में गहरी नींद में हो।

...लेकिन लेटे हुए केसर ही तन्द्रा क्षणों में ही अपने गाँव वाली हवेली में विचरने लगी थी।

केसर के परिवार की हवेली, गाँव की सीमा से बाहर वाली किसी गली के पास ही थी। घर से हवेली तक आने-जाने में मात्र पाँच-सात मिनट ही लगते थे। दिन में उसके तीन-चार फेरे हवेली के अवश्य ही लग जाते थे। हवेली के रास्ते में चौराहे वाले पीपल के नीचे गाँव के बुज़ुर्ग, नौजवान पूरा दिनभर गाँव के किस्सों की चटखारे लेकर जुगाली करते या कभी-कभार बारह टहनी या फिर ताश के पत्तों में लीन रहते। केसर उस जुण्डली में कभी भी नहीं बैठा था।

उसके अधिकांश फेरे तो हवेली के रास्ते में पड़ते जीती के घर के सामने से गुज़रने या उसके दीदार करने की हसरत में लगने का नियमित क्रम था। जीती गाँव के जैलदारों की लड़की थी और स्कूल में वह उससे दो जमात पीछे पढ़ती थी। उस जैसी सुन्दर लड़की आसपास वाले गाँवों में कहीं भी नहीं थी। गाँव के छोकरों की जुण्डली में उसके रूप की चर्चा अक्सर ही चलती रहती। उसके घर वालों ने उसे छठी जमात के बाद स्कूल से हटा लिया था। वह होनहार थी और आगे पढ़ना चाहती थी... लेकिन... गाँव में लड़कियों को पढ़ाने का रिवाज नहीं था। उसका घर केसर की हवेली के एकदम बगल में होने के कारण दोनों का बचपन केसर ही हवेली या जीती के घर में खेलते हुए ही गुज़रा था। बचपन में एक साथ खेलते-खेलते और लड़ते-झगड़ते हुए पता ही नहीं चला कि वह एकाएक जाने कब से केसर से शर्माने लगी थी।

जीती ने कभी भी सिर से दुपट्टा सरकने नहीं दिया था। केसर को उसकी सभी कुर्तियों के रंग याद थे। वह अक्सर कुर्तियाँ बदल-बदल कर पहनती... लेकिन...

काले रंग वाली शीशों जड़ी घाघरी अक्सर वही होती। अब तो चाँदी का मोटा-सा कढ़ा उसकी कलाई का श्रृंगार होने लगा था, जो उसकी माँ ने चढ़ते जाड़े में जीती के पन्द्रहवें साल में प्रवेश होने के वक़्त उसे दिया था।

जब से जीती ने अपनी छाती को चुनरी से ढाँपना शुरू किया था, तभी से ही दोनों का इकट्ठे खेलने का क्रम वर्जित हो गया था और धीरे-धीरे एक-दूसरे से बतियाने के सभी अवसर भी फुर्र हो गए थे। जब वे दोनों इकट्ठे पढ़ने जाते थे तो कभी-कभार स्कूल से आते-जाते वक़्त उनकी बातचीत हो जाती थी। जबसे पढ़ाई बंद हुई थी, तो बातचीत करने में भी हफ़्ते निकल जाते थे। अब तो बस दूर से ही देखकर दिनकटी होने लगी थी।

इन दूरियों ने मिलने की तलब कम होने की बजाए और भयावहता से बढ़ा दी थी। जब भी केसर घर से हवेली के लिए निकलता, जाने कैसे जीती को इसका पूर्वनुमान हो जाता... तब वह कभी घर के मेनगेट के पास या कभी छत पर या सीढ़ियों पर खड़ी हुई उसको देखते ही धीमे से मुस्करा देती। अब केसर की प्रसन्नता का आरम्भ और अंत बस जीती का इस तरह बहानों से उसे ताकते रहना ही था। उसका हवेली की तरफ़ आते-जाते हुए जीती के घर के सामने से गुज़रना, जीती का चिलचिलाती धूप में सीढ़ियों या छत पर खड़े हुए प्रतीक्षा करना और उसे चोरी-छुपे निहारना, प्यार नहीं तो क्या था?? वह अक्सर सोचने लगता।

जीती का बाप गाँव का एक प्रतिष्ठित सरदार था। बंटवारे से पहले उनके दो मंज़िला मकान में अंग्रेजों का आना-जाना सामान्य बात थी। ज़ैलदारों के इस विशाल घर का दरवाज़ा आमतौर पर बंद ही रहता था। गाँव में उड़ती-उड़ती यह चर्चा भी थी कि उसका बाप लगभग आधा महीना भर 'बार्डर' के पार ही रहता था और दबी आवाज़ में लोगों में यह भी चर्चा थी कि ज़ैलदार का अफ़ीम की स्मगलिंग का कारोबार भी था... लेकिन... केसर का इन बातों से कोई लेना-देना नहीं था। उसे तो बस यही ग़म भीतर से खाए जा रहा था कि अब उनका मिलन बहुत ही मुश्किल हो गया था। कभी-कभार तो उसे दोनों का रिश्ता चंदा और चकोर की मानिंद प्रतीत होने लगा था।

❖ ❖ ❖

दिन-तीसरा

आदमी अपनी दुनिया को अपनी आँखों से नहीं, आँखों पर चढ़े अतीत के तज़रूबों के चश्मों से देखता है। इन चश्मों को उतार कर ही दुनिया की हकीक़त एकदम साफ और पारदर्शी प्रतीत होने लगती है...

(पालने से चिता तक का सफ़र)

पानी के नलके के चलने की खटपट से केसर की आँख खुली। नहाते हुए फ़कीर के धीरे-धीरे बोले हुए श्लोक उसके कानों को सुकून तो दे रहे थे...लेकिन... उसकी समझ से बाहर थे। थोड़ा-थोड़ा उजाला फ़ैलने लगा था।

साईं जी आप नहाते हुए क्या गा रहे थे...? मैंने बहुत कोशिश से सुनने का प्रयास किया लेकिन समझ नहीं सका...' उसने स्नान के बाद चबूतरे पर वापस आए हुए फ़कीर से पूछा।

'स्नान के वक़्त अगर रब्ब का नाम भी जप लिया जाए तो शरीर और मन दोनों निर्मल हो जाते हैं, जैसे जल हमारे शरीर को साफ़ करता है... उसी तरह रब्ब का नाम हमारे मन को साफ़ करता है... केसर पुत्तर... मन तो एक आईने की मानिंद है... जिस तरह की भी मन की सोच होती है... दुनिया भी उसी तरह की दिखती है...' फ़कीर ने केसर को समझाया।

'वो कैसे...?' उसने फ़कीर से सवाल किया।

फ़कीर ने इसका सीधे तौर से जवाब ना देते हुए एक कहानी सुनानी शुरू कर दी...

'किसी महावत ने एक हाथी खेत में बांध रखा था, जो भूख से व्याकुल होकर चिंघाड़ रहा था... साथ ही रास्ते में तीन अन्धे आदमी गुज़र रहे थे...आवाज़ सुनते ही एक अंधा बोल उठा, 'यह हाथी की आवाज़ लगती है...'

'हाथी किस तरह का जानवर होता है...?' दूसरे अंधे ने पूछा।

'चल... हाथ से छूकर देखते हैं...' तीसरे अंधे ने कहा।

पहले वाले अंधे ने हाथी की ख़ाल को छुआ, उसे हाथी दरी की तरह महसूस हुआ। दूसरे ने हाथी की पूँछ को छुआ... उसे हाथी मोटी रस्सी की तरह लगा। तीसरे ने हाथी की टांग को छुआ, उसे हाथी खम्बे की तरह लगा।

दरी...! रस्सी...! खम्बा...! तीनों अंधे आपस में झगड़ने लगे।

आज भी इस दुनिया में आँखों के होते हुए भी अपने जैसे ही अक्ल के अंधों से अलग-अलग मुद्दों पर उलझे लड़-झगड़ रहे हैं।

'ब्राह्मण्ड के विस्तार को वही समझ सकता है जिसे स्वयं परमात्मा ज्ञान देता है...' फ़कीर ने कहा, 'हम इतना भी समझ जाएं तो गनीमत है कि हमारी सोच का दायरा बहुत सूक्ष्म है...'

'साईं जी... आप तो हमेशा ही कहानी सुनाकर ही क्यों बात को समझाते हो...?' उसने तेज़ी कदमों से चलते हुए फ़कीर के पास पहुँचते हुए पूछा।

फ़कीर ने उत्तर दिया, 'जब सब पहली बार धरती पर प्रकट हुआ था, तब वह नंगा था। नंगा सच एक गाँव में पहुँचा तो लोगों गाँव के लोगों ने सच को नंगी अवस्था में देखा तो उसे बहुत बुरा-भला कहा और उसे मारपीट के बाद गाँव की सीमा से बाहर निकाल दिया। गाँव की सीमा से बाहर एक 'कहानी' का बसेरा था। उसने नंगे सच को पनाह दी। अपने घर ले जाकर उसकी मरहम-पट्टी की और अपने वेश धारण किए हुए दाखिल हुआ। लोगों ने 'कहानी' में छुपे हुए 'सच' का बहुत आदर-सत्कार किया और उसे अपने दिल के अंदर सुख-चैन से रहने की जगह प्रदान की।

केसर को फ़कीर की अद्भुत बातें एकदम अलग और अजीब-सी प्रतीत हो रही थीं। बातों-बातों में मालूम ही नहीं हुआ कि कब सूरज डूबने लगा था और शीतल बयार सरसराने लगी थी। इससे चिलचिलाती गर्मी से कुछ राहत मिली। दोनों एक दरख़्त के नीचे जाकर रुक गए।

'केसर पुत्तर... तेरे घर-परिवार में और कौन-कौन हैं...?' फ़कीर ने उससे अगला सवाल किया। तभी केसर ने माँ, बापू, बेबे और बहन तारो के बारे में विस्तारपूर्वक बताया।

जब केसर ने होश संभाला था तो उससे अपने घर में सदा खिलखिलाहट और किलकारियाँ ही सुनी थीं। माँ, बापू, बड़ी बहन तारो और बेबे के साथ घर में खूब रौनक लगी रहती। लोग उनके घर को 'पहलवानों वाला घर' के नाम से ही जानते थे

क्योंकि उसका बापू और दादा दोनों पहलवानी का शौक पाले हुए थे... और... फिर जैसे नज़र ही लग गई थी...

केसर अभी छः-सात का ही हुआ था, जब सैन्तालीस की काली आँधी में बंटवारे का शोर-शराबा होने लगा था। उस समय तो उसे कुछ भी समझ में नहीं आया था... लेकिन... बाद में बेबे और बापू की बातों से उस उजड़ने के किस्सों संत्रास की धीरे-धीरे समझ आने लगी थी। इतने सालों के अंतराल के बाद भी बेबे जब कभी बंटवारे की बातें इस तरह सुनाती जैसे अभी कल की ही बात हो...

फिरकापरस्ती की आँधी चलने लगी थी। अजान और शंख सरेआम चौराहे पर एक-दूसरे को मुँह चिढ़ाते प्रतीत होने लगे थे। सहमी-सी चुप्पी दहलीज़ पर खड़ी थी। ईद के चाँद और करवाचौथ के चाँद की जैसे बोलचाल बंद हो गई थी। फ़ैज़ और रेशमा के बीच एक लकीर खींची जाने लगी थी। कत्ले-आम शुरू हो गई थी। गाँव के चबूतरों पर खेले जा रहे ताश के पत्ते ही औंधे मुँह नहीं हुए थे बल्कि आपसी भाईचारे वाली गाँठ भी टूट गई थी। अक्ल के अंधे एक-दूसरे का सिर काटने लगे। माँ-बहनों की चुनरियों की इज्ज़त तार-तार होने लगी थी।

मज़हब के ठेकेदारों ने छोटे-छोटे बच्चों के माथे पर 'जात' के ठप्पे चस्पा कर दिए थे। झरोखों में जलते हुए चिरागों की लौ फड़फड़ाने लगी थी। गुड़ की डली की मिठास में अब कड़वाहट घुल गई थी। पीढ़ियों से चले आ रहे अनाम रिश्ते अब शंकाओं और नफ़रत में तब्दील होने लगे थे। 'खेसी' की आगोश में गरमाहट की जगह खंजरों का नुकीलापन घुस आया था।

'लाहौर से उस पार से अब ख़बरें कुछ अच्छी नहीं आ रहीं...' केसर के गाँव के बुज़ुर्ग चौपाल पर बैठे हुए सिर से सिर जोड़े हुए गुफ्तगू करते।

'गाँव में ठीकरी पहरा देना शुरू कर दें अब, कल...' मस्जिद वाले रशीदे को घोड़ी पर बैठे हुए गाँव के बाहर देखा था मैंने। 'मुझसे बात तक भी नहीं की थी उसने... मुझे यह सब ठीक नहीं लग रहा...' चौपाल में बैठा कोई शख़्स कहता।

फ़सलें और खेत सब लावारिस हो गए... क्योंकि गाँव के गबरू-जवान पूरा दिन छुरियों, गंडासों और किरपानों की धार को तीख़ा करवाने को अब 'बख़्शी लोहार' की भट्टी पर ही बैठे रहते।

लगभग हर रोज ही, किसी गाँव में लूट, क़त्ल, बलात्कार और लड़कियों को अगवा करने की अफवाहें दूसरे गाँव में पहुँचते-पहुँचते आग की लपटों में तब्दील हो जातीं। सैन्तालीस की बैसाखी से लगभग चार महीनों के अंतराल के बाद, एक दिन उस भयावह त्रासदी ने केसर की दुनिया ही बदल डाली थी।

बापू 'छिंज' पर गया हुआ था। बेबे नन्हें-से केसर को गोदी में उठाए हुए घर में ही थी। माँ और केसर की बड़ी बहन तारो, खेतों से वापस आ रही थी। अभी घुसमुसा-सा अंधेरा फैला हुआ था। पीछे से किसी ने कड़कड़ाती आवाज़ में पूछा था, 'रुक जाओ लड़कियो' और अंधेरे में किसी ने एकाएक तारों को झपटते हुए घोड़े पर बैठा लिया।

'अपने गाँव वालों को बता देना जाकर, अगर अपनी लड़की को वापस चाहते हो तो हमारी लड़कियों को वापस करना होगा...' मुँह-सिर लपेटे हुए किसी शख़्स ने भोथरे स्वर में चिल्लाते हुए कहा।

माँ छटपटाते हुए खूब चिल्लाती रही और तारों को उसके चंगुल से छुड़वाने की तमाम कोशिशें करती रही। उसी कड़कड़ाते हुए स्वर वाले शख़्स ने माँ को लतिया दिया। ज़मीन पर सिर के बल गिरने से सिर पर ज़ख्म हो गया। काफी मात्रा में खून बह गया था। ज़्यादा खून रिसने और तारो के बिछुड़ने का सदमा न झेलते हुए, कुछ दिनों के बाद उसने अपने प्राण त्याग दिए थे।

फ़कीर ने सारा वृतान्त ध्यानपूर्वक सुना लेकिन...वह कुछ नहीं बोला। उसने केसर को पलोसते हुए उसके कन्धों को काफी देर तक दबाए रखा।

केसर लेट गया लेकिन फ़कीर देर तक बैठा रहा। केसर लेटे हुए निस्सीम आकाश की तरफ निहारते हुए सोच रहा था कि बेबे अक़्सर उस त्रासदी का बख़ान रोते-सिसकते हुए करती थी। कितनी बड़ी कटु सच्चाई थी वो।

अनजाने में की गई एक गलती दूसरे के लिए ज़िन्दगी भर की पीड़ा बन के रह जाती है... जो पहले तो जीभ पर चिल्लाहट बनकर आती है और फिर आँखों में कभी न ख़त्म होने वाली धारासार बरसात के रूप में तब्दील हो जाती है... और... फिर धीरे-धीरे दिल के किसी कोने में, कभी ना भर पाने वाले नासूर में तब्दील हो जाती है।

कोई बौछारों में आँसुओं को छुपा रहा है,
कोई बारिश में खुशी मना रहा है...
नज़रिया बदले तो दुनिया बदल जाती है,
वही जाने जो दुनिया को चला रहा है...

❖ ❖ ❖

दिन-चौथा

इतिहास के चश्मदीद पेड़ भी रोया करते हैं... सुनके राहगीरों के दुःख, यह भी रोया करते हैं...

(सारा इतिहास किताबों में ही दर्ज नहीं होता)

चलते-चलते एक बहुत विशाल दरख़्त दिखाई दिया। घनी छाँव देख कर दोनों ने वहीं रुकने का फ़ैसला किया। सुनसान रास्ते में दरख़्त प्रहरी-सा खड़ा था। दोपहर शिखर पर थी। हवा का निशान तक नहीं था। यहाँ तक कि कोई पत्ता भी नहीं हिल रहा था। चुपचाप राहगीरों को निहारते हुए पत्ते ऐसे प्रतीत हो रहे थे, जैसे उनके सफ़र के लिए दुआएं माँग रहे हों और ठहरी हुई हवा में दरख़्त की छाँव तले बैठे राहगीरों की कानाफूसी कान धर के सुन रहे हों।

'जवान... यह दरख़्त लगभग हजार साल पुराना तो होगा...' फ़कीर ने लोई बिछाते हुए कहा।

'हजार साल...?' केसर ने हैरान होते हुए पूछा।

फ़कीर ने 'हाँ' में सिर हिलाते हुए कहा, 'ज़रा सोचो... यह दरख़्त नानक पातशाह से भी पाँच सौ साल पहले से है यहाँ...'

केसर ने दरख़्त के तने को हाथ से छुआ तो वह स्तब्ध रह गया, सोच को जैसे लकवा मार गया हो। उसे महसूस हुआ जैसे यह तना उसका बापू हो और उसने केसर को आलिंगन में ले लिया हो। उसकी आँखें तरल हो उठीं। उसे लगा कि जैसे एक सरसराहट-सी हुई है और कोई पीला-ज़र्द पत्ता उसके भीतर आकर गिर गया है।

फ़कीर ने केसर के आश्चर्य भरे चेहरे को ताकते हुए कहा, 'इस दरख़्त ने कितना कुछ देखा-झेला होगा, दुनिया को बार-बार बदलते हुए देखा होगा...देखा जाए तो दुनिया में चाहे बहुत बदलाव आया है... लेकिन... दरअसल बदला कुछ भी नहीं है...'

'दुनिया तो एक सराय है... सिर्फ़ मुसाफिर ही बदलते रहते हैं...' एक आवाज़ कौंधी... केसर सोच रहा था कि यह स्वर फ़कीर का था या दरख़्त की जड़ों से कौंधा था।

अब दिन ढल चुका था। फ़कीर ने पसरते हुए बात को जारी रखते हुए कहा, 'जवान... हजारों साल पहले भी दिन इसी तरह गुज़रते रहे थे... लोग आज की तरह ही रोज जन्मते और रोज ही मरते थे, सोते-उठते और लड़ते-झगड़ते थे... यही कुछ आने वाले हजारों सालों तक भी इसी तरह से ही चलता रहेगा... इस सारी कायनात में यही परमात्मा ने हमें कोई न कोई छोटा या बड़ा काम सम्पन्न करने को दुनिया में भेजा है... बस यही जीवन का मंतव्य है और इस मंतव्य को तलाशना और सम्पूर्ण करना ही ज़िन्दगी है...' कहते हुए फ़कीर चुप हो गया।

फ़कीर की बातें केसर के मस्तिष्क में बराबर मंडरा रही थीं... लेकिन... अधिकतर बातें उसकी समझ से बाहर थीं। उसकी सोच का पहिया वहीं एक दिन की धुरी पर आकर रुक गया, जिस दिन उसकी माँ को जख़्मी करके उसकी बहन तारो का अपहरण करके ले गया था।

'वह दिन तोबा की दिनों के माफ़िक नहीं था...' सोचते हुए केसर की आँखें छलछला उठीं।

तारो बहन वाले हादसे और माँ के परलोक चले जाने के बाद, बापू की जुबान पर जैसे ताला जड़ गया था। पहलवानी भी छोड़ दी थी उसने। बेबे भी नन्हें-से केसर की बाँह पकड़े घर के भीतर ही क़ैद होकर रह गई थी।

इस तरह लगभग एक साल गुज़र गया। एक दिन बापू ने बेबे और केसर को अपने पास बैठाते हुए कहा, 'मैं सोचता हूँ कि एक बार बीकानेर जा आऊँ... सुनते हैं दिल नहीं करता...'

वहाँ ज़मीनें बहुत सस्ती हैं... यहाँ के बारह बीघे बेच के वहाँ एक मुरब्बा खरीद लेंगे... मेरा अब यहाँ रहने को ज़रा भी मन नहीं करता। दूसरे ही दिन बापू चला गया था और आज तक वापस नहीं लौटा। दरवाज़े की तरफ़ देखते हुए बेबे की बूढ़ी आँखों की नज़र अब धुँधलाने लगी थी। बस केवल एक ही चिट्ठी आई थी बापू की। किसी सराय के सिरनामें वाली चिट्ठी। लोग तरह-तरह की बातें बनाते रहे थे... कोई कहता कि उसने दूसरा ब्याह रचा लिया और कोई कहता कि उसे किसी ने क़त्ल कर दिया। जितने मुँह उतनी ही बातें। सोच के समन्दर में डूबे हुए केसर को वह घटना स्मरण हो आई जो उसने जाने कब और कहाँ से सुनी थी... शायद हवेली की तरफ़ जाते हुए चौपाल से सुनी थी... लेकिन... उस घटना के तमाम दृश्य उसके ज़हन में आज तक

भी तैर रहे थे... दो मुल्कों की जंग लगी हुई है, धुआँदार बमबारी हो रही है... एक मोर्चे पर बम गिरता है। साथ वाले मोर्चे में बैठा एक फौजी अपने कमांडर से कहता है कि जिस मोर्चे पर बम गिरा है... उसमें मेरा भाइयों जैसा दोस्त लड़ रहा था... मैं वहाँ जाना चाहता हूँ, क्योंकि ना जाने वह किस हालत में होगा?

कमांडर ने कहा, 'तू वहाँ जाकर क्या करेगा...? लगता है सब कुछ ख़त्म हो गया है...' लेकिन फौजी की अड़ियल ज़िद से कमांडर उसे स्वीकृति दे देता है। फ़ौजी उस मोर्चे में जाकर देखता है कि उसका दोस्त बहुत जख़्मी हालत में निढ़ाल हुआ पड़ा है। उसको वहाँ हाजिर हुए देख, जख़्मी दोस्त ने हाथ ऊपर उठाया और उसके बाजू को पकड़ कहने लगा, 'मुझे पूरी उम्मीद थी कि तुम लोग अवश्य आओगे...' कहते-कहते उसने प्राण त्याग दिए थे।

आज केसर को लगा कि वो बाजू उसके बापू की हो जो उसकी बाजू पकड़े हुए कह रहा हो, 'केसरा... मुझे पूरा विश्वास था कि तू ज़रूर आएगा...' उसकी आँखों में विदाई का दर्द और भी बढ़ गया। यह उसकी जागरण वाली रात थी।

❖ ❖ ❖

दिन-पाँचवाँ

सृष्टि पल-प्रतिपल बदलती रहती है। जो भी मिला है, अवश्य बिछड़ेगा... और... जो बिछड़ा है... वह किसी ना किसी रूप में मिलेगा भी अवश्य...

(वाष्प ने बादल में तब्दील होने से पूर्व धरती से कहा)

तख़्तपुरा फलांगने के बाद, केसर को महसूस हुआ कि गाँव से इतनी दूर तो वह इससे पूर्व कभी गया नहीं था। होले-मुहल्ले पर आनन्दपुर साहब और दीवाली के दिन दरबार साहब से आगे की दुनिया की केसर कोई जानकारी नहीं थी।

आज केसर का मन सुबह से ही उदास-सा था। रात सपने में वह कभी किवाड़ की तरफ ताकती बेबे, कभी चोरी-छुपे मुंडेर से झाँकती जीती, कभी माँ की उदास आँखें और कभी विभाजन के वक़्त हुई मारकाट देखता रहा था। पूरी रात भर करवटें लेते हुए गुज़री थी। चाँद की टिकिया में केसर की आँहें सम्मिलित हो गई थीं।

साईं जी... अगर सब कुछ करने-करवाने वाला परमात्मा है तो फिर कत्लो-गैरत क्यों होती है...? लोग क्यों बिछड़ जाते हैं...? तगड़ा

आदमी सदा ही क़हर क्यों ढाता है...?' उसने नज़रें झुकाते हुए धीमे स्वर में पूछा।

सामने दूर तक पसरे सन्नाटे में डूबे वीरान रेत के टीलों की तरफ़ देखते हुए, फ़कीर ने कुछ देर के बाद उत्तर दिया, 'आदमी की ज़िन्दगी छकड़े के साथ बंधे हुए कुत्ते की माफ़िक है... जिधर वो छकड़ा जाएगा... कुत्ते को भी उधर ही जाना पड़ता है... छकड़ा दुनिया का प्रतिरूप है जिसे चलाने वाला परमात्मा है... जिस रस्सी के कुत्ता बंधा है... वो किसी की छोटी है और किसी की लम्बी... यह रस्सी हमें कुछ देर के लिए ढील ज़रूर देती है... लेकिन... चलना तो चालक की इच्छा के मुताबिक और

छकड़े के साथ-साथ ही पड़ता है। रस्सी की ढील के साथ हम जो भी करते हैं, वो हमारे कर्मों की निर्मिती होती है और वही सुख या दुःख का सबब भी बनते हैं...'

सुनसान रास्ते पर अब सिर्फ़ दोनों के कदमों की पदचाप ही सुनाई दे रही थी... लेकिन... केसर के दिल में जैसे कोई सैलाब उमड़ा हुआ था...स्मृतियों का सैलाब। वह उधेड़बुन में था... आज पाँच दिन गुज़र गए घर से निकले हुए, जीती हवेली वाला रास्ता रोज निहारती होगी। मैं उसे कुछ बता कर भी तो नहीं आया था। कोई चिट्ठी या काग़ज़ का पुर्जा ही लिख दिया होता, उसे स्वयं पर क्रोध आ रहा था और क्षोभ भी।

...मुझे यकीन है, जीती अवश्य ही बेबे के पास मेरे बारे पूछताछ करने जाएगी... लेकिन... बेबे तो स्वयं इसके बारे में अनभिज्ञ है। केसर को आभास हुआ कि जीती की स्थिति भी वही होगी जो उसकी उन दिनों में होती थी, जब जीती तीन हफ़्तों के लिए अपने ननिहाल में चली जाती थी या जब वह एक महीने के लिए अपनी ममेरी बहन की शादी के सिलसिले में चली गई थी। केसर का उन दिनों किसी भी काम में मन नहीं लगता था, जैसे सब कुछ ही विस्मृत हो गया हो। ढोर-डंगरों को पानी पिलाने गया तो बार-बार एक ही भैंस को पानी के स्रोत के पास ले जाता... लेकिन... उसे इतना तो इत्मीनान था कि जीती अपने ननिहाल गई हुई है। जीती को तो मेरे बारे में कुछ भी मालूम नहीं...

उसे आभास हुआ कि जैसे जीती उसे बुला रही हो, 'केसरा... तूने बिना बताए जाकर ठीक नहीं किया...' जीती की साँसें उसकी साँसों में घुल-रच गई थीं। वह पूरे का पूरा छटपटा रहा था, 'तूने जो मौली की गाँठ पीपल के साथ बांधी थी ना केसरा... उस गाँठ का अब क्या होगा...?' जीती के इन तीक्ष्ण बोलों ने उसे भीतर तक बींध के रख दिया।

आज फिर बंटवारे की त्रासदी का ज़िक्र छिड़ा तो फ़कीर ने तरल होते हुए बताया था कि जब सैन्तालीस के बंटवारे के वक़्त बाबे नानक के ननकाना और सिखों की राजधानी लाहौर को हमसे अलग कर दिया गया तो हमें ऐसे महसूस हुआ था, जैसे शरीर में से किसी आत्मा को अलग कर दिया हो... फिर उसने निस्सीम आकाश की तरफ ताकते हुए उसने हौका भरा, 'वाह... मेरे मालिक... वाह... तेरी खेलों का तू ही जानकार है...' रात गहराने लगी थी। फ़कीर बाहर धूनी रमाए हुए अंतर्धान हुए बैठा था। केसर ने उसके पास बैठते हुए पूछा, साईं जी... सैन्तालीस के बंटवारे के वक़्त आप कहाँ थे...?'

फ़कीर ने कुछ देर चुप्पी साधे हुए उत्तर दिया, 'जवान... मैं तब अपने टब्बर के साथ सरगोधे के पास चक्क 19 में रहता था। अपने दो जवान बेटों के साथ चार

मुरब्बों में खेतीबाड़ी करता था। जब हमले शुरू हुए, तब मेरी बुआ का लड़का फ़ौज में था तो उसने चिट्ठी डाली थी कि मुल्क का बंटवारा होने वाला है, हालात विकराल होने का अंदेशा है, अपने सामान और परिवार को साथ लेकर आप सरहद से पार निकल जाओ। हमने थोड़ा सामान इकट्ठा किया और परिवार सहित अमृतसर को जाने वाली गाड़ी में चढ़ गए। लाहौर से अगले स्टेशन पर गाड़ी को रोक दिया गया। मैं पानी लेने को गाड़ी से नीचे उतरा। वापस मुड़ा तो देखा कि काफ़िरों ने गाड़ी के दरवाज़े को बंद करके आग लगा दी थी। मेरी आँखों के सामने ही सब कुछ क्षणों में ही ख़त्म हो गया था। बस उस दिन के बाद मैं आजतक कहीं भी, दो या तीन दिनों से ज़्यादा नहीं रुक सका। अब मेरा ठहराव बस घूमने-घूमाने में ही है।

फ़कीर के स्वर में श्मशान की राख़ जैसा सन्नाटा था, दो साँसों के अंतराल में समय जैसे ठहर-सा गया था, जैसे वह धू-धू जलते हुए गाड़ी के डिब्बे को फटी आँखों से निहार रहा हो।

दमघोंटू सन्नाटे का फ़कीर के बैरागी स्वर ने तोड़ा, 'हमारे उजड़ने को अब आज़ादी का नाम दिया जा रहा है... प्राप्त तो जाने क्या हुआ है...लेकिन... हमने खोया बहुत कुछ है... कइयों ने अपने प्राण न्योछावर कर दिए तो मेरे जैसे कइयों ने प्राणों के अलावा सब कुछ ही गंवा दिया...' इतना कहते हुए फ़कीर किसी धुंधलाए हुए अतीत में गुम हो गया...

फ़कीर की बातें सुनकर केसर को फ़कीर कुछ अपना-अपना सा प्रतीत होने लगा, जैसे किसी अंतहीन त्रासदी का दुःख साझा हो गया हो...।

❖ ❖ ❖

दिन-छठा

अपनी दुःखती हुई रग पर किसी द्वारा मलहम लगवाना, अंगुली को बचाते हुए अपना बाजू कटवाने के तुल्य है

(राज़दारों के भी मित्र होते हैं)

कभी-कभार उगते हुए सवेरे भी ढलती हुई 'त्रिकालो' जैसे प्रतीत होते हैं। कुछ इसी तरह का ही आज का सवेरा था। आकाश की लालिमा सूरज के उगने का संकेत दे रही थी। सुनसान रास्तों के विलक्षण पदचिन्ह इस बात के साक्षी थे कि इस इलाके में इने-गिने लोग ही बसते हैं। लेकिन... सामने श्मशान के चिन्ह देखकर केसर कुछ अचंभित था।

उसके दिल में छुपे रहस्य को जैसे फ़कीर ने जान लिया था। फ़कीर ने मरघट की तरफ देखते हुए उसे कहा, 'जवान... वो समाने जलती हुई चिताएं देख रहा है ना...? इन्हें देखकर मैं सोचता हूँ कि क्या हमारी यही अन्तिम मंज़िल है या किसी नए सफ़र की शुरूआत... मुझे एक साधु की कहानी स्मरण हो रही है, जिसकी ख़ाली पड़ी कुटिया में रात गुज़ारने को एक मुसाफिर आकर ठहरता है। कुटिया में नाम-मात्र इक्का-दुक्का सामान देख, मुसाफिर ने साधु से पूछा, 'तुम्हारे पास कोई चारपाई नहीं है...?'

'तेरे पास है...?' साधु ने प्रत्युत्तर में मुस्कराते हुए उसे सवाल किया।

'मेरे पास...? मैं तो मुसाफ़िर हूँ...' मुसाफिर ने कहा।

'तो मैं भी...' साधु ने उत्तर दिया।

कई दुनिया को जीतकर भी ख़ाक हो गए,
कई ईर्ष्या से जलकर राख़ हो गए।
रहे मिट्टी के संग जुड़े जो रज़ा जान के,
वो रब्ब की अदालत में पाक हो गए।

फ़कीर के दिन-दिहाड़े उच्चारित कथनों के बारे में सोचते हुए, केसर को महसूस हुआ कि उसकी ज़िन्दगी का बुत अभी मात्र एक पत्थर ही है और वह स्वयं एक बुत तराश है, जो पत्थरों को तराशने का हुनर फ़कीर से सीख रहा है। वह अब सिर्फ़ फ़कीर से ही नहीं बल्कि अपने आसपास की हर चीज़ से भी सवाल पूछने लगा था। उसे मालूम था कि उसके प्रश्नों के उत्तर सिर्फ़ वक़्त ही दे सकेगा।

आज ठहरने वाली जगह कुछ ऊँचाई पर स्थित होने से यहाँ गर्मी का प्रकोप कुछ कम था। फ़कीर काफी समय से समाधि में रत हुए, बिना हिले-जुले बैठा हुआ था। अंतहीन टीले पर चहूँ ओर निस्सीम आकाश को निहारते हुए केसर को अपने दर्द से बेहाल हुए पाँवों की पीड़ा याद नहीं रही।

केसर की तन्द्रा चारों तरफ उगे हुए आक के पौधों पर जा टिकी। सफ़ेद-जामुनी रंग वाले फूल, हरी पत्तियों में घिरे ऐसे प्रतीत हो रहे थे, जैसे टीलों पर किसी ने रंग-बिरंगे बेल-बूटे उकेर दिए हों। टीलों को आलिंगन में लिए हुए, आक के पौधे रेतीली आँधी से बचाने को पूरे निष्ठावान लग रहे थे।

साईं जी... आक के पौधे रेतीली मिट्टी में पनपकर भी कितने हरे-भरे लगते हैं...' केसर का ध्यान डूबते हुए सूरज की लालिमा में दमक रहे हरे पत्तों की तरफ था।

'हाँ पुत्तर... भाई गुरदास जी ने तभी तो कहा है... आक उजाड़ों में ही पनपते हैं...'

'सुनते हैं कि आक के इन खूबसूरत फूलों में ज़हर भी होता है...' केसर ने फ़कीर की ओर देखते हुए पूछा।

'फ़र्क सिर्फ़ मात्रा का ही होता है... जैसे किसी ने किसी सूफ़ी संत से पूछा था कि ज़हर क्या होता है...? किसी भी चीज़ की मात्रा जब ज़रूरत से ज़्यादा से बढ़ जाए तो वह ज़हर में तब्दील हो जाती है... दवा और ज़हर में बस यही फ़र्क होता है... जितना की आन-बान और अहंकार में होता है...' फ़कीर ने आक के फूलों की ओर संकेत करते हुए कहा।

फ़कीर ने ध्यान लगाने के उपक्रम में आँखों को मूँद लिया। केसर का ध्यान डूबते हुए सूरज की तरफ चला गया। वह डूबते हुए सूरज के क्षण-क्षण बदलते हुए

रंगों को टकटकी लगाए, देख रहा था। धरती और आकाश ऐसे रंगदार लग रहे थे, जैसे किसी चित्रकार ने सभी रंगों को किसी विशाल काग़ज़ पर उंड़ेल दिया हो।

सरसों के फूलों के रंग की मानिंद सूरज धीरे-धीरे गुलानारी रंग में तब्दील होने लगा, फिर गुलानारी रंग से सुरमई होते हुए सूरज ने अंधेरे की चादर में अपना चेहरा छुपा लिया। सारी सृष्टि इस तरह सन्नाटे में डूब गई थी कि जैसे किसी बच्चे को लोरी सुनाते हुए किसी माँ का दिल, उसके सो जाने के बाद ममता से भरते हुए शान्त-सा हो जाता है।

केसर रेत से लिथड़े पाँवों को दोनों हाथों से झाड़ते हुए अपने पाँवों को दबाने लगा। उसे कुछ राहत मिली। तपती हुई रेत और पत्थरीली राहों पर चलते हुए पाँवों की बिवाइयाँ कई जगह से फट गईं थीं। उसे नंगे पाँव चलने की ही आदत थी। उसने मन ही मन सोचा कि कल से वह चलते वक़्त पाँवों में जूती अवश्य डाल लिया करेगा।

उसे एकाएक बेबे स्मरण हो आई थी... जब वह गाँव में होता तो बेबे, उसके पाँवों को गुनगुने पानी से धोकर, उसके तलवों की तेल से ज़ोरदार मालिश कर दिया करती थी। बेबे के हाथों की छुअन का स्मरण आते ही उसने पाँवों को कसकर पकड़ लिया था, जैसे बेबे के हाथों को अपने दोनों हाथों में जकड़ लिया हो।

केसर जब से गाँव से निकला था, ख़्वाबों में वह हर रोज ही गाँव में विचरने लगता था। इसलिए जब वह दिन को कभी उदास होता तो वह रात की बेसब्री से प्रतीक्षा करने लगता। उसका ज़हन क्षणों में ही गाँव की गलियों में विचरने लगता। गाँव के घरों के दरवाज़े अक्सर ही खुलते हुए प्रतीत होते जैसे रिश्तों को बेझिझक भीतर आने का निमंत्रण दे रहे हों।

गाँव का कोई भी घर केसर को पराया नहीं लगा था।

इसी उधेड़बुन में उसका मुँह 'मिस्सी रोटी', प्याज और अचार के ज़ायके से भर गया जो एक दिन शिखर दोपहर को जीती, उसे हवेली में पकड़ा कर गई थी। उसका हाथ एकाएक स्वतः ही भुने हुए चनों को निकालने को जेब में चला गया।

❖ ❖ ❖

दिन-सातवाँ

सूरज सभी को ऊर्जा प्रदान करता है, धरती सभी को माँ की तरह आलिंगन में लिए बैठी है, फूल महक लुटा रहे हैं तथा पानी जीवन की सौगात दे रहा है। लेकिन मानव सदा अपने बारे में ही सोचता है और भूल जाता है कि दूसरों के काम आने में ही सुकून, प्रसन्नता और ठहराव है।

(शहद की मक्खी, शहद नहीं खाती)

सुबह मुँह-हाथ धोने के बाद अपने नए मोजे झोले में से निकाल पाँवों में डाल लिए। वह जब चलने लगा तो उसे देख फ़कीर ने चुटकी लेते हुए कहा, 'अब लगता है अपना केसर... एकदम पटवारी की तरह...' उसने मुस्कुराते हुए फ़कीर से पानी वाली मशक पकड़ ली और वे दोनों धीरे-धीरे चल पड़े। फ़कीर ने पोटली में से भुने हुए चने निकाल कर रास्ते में बैठी सारिकाओं और चिड़ियों को डाले और आगे निकल गए।

उनसे पास भुने हुए चने और पानी ज़्यादा मात्रा में चाहे बचा नहीं था... लेकिन... फ़कीर हर आने-जाने वाले मुसाफ़िर को इतना ज़रूर पूछता कि उन्हें भूख और प्यास तो नहीं लगी?

'अगर हमारी अपनी खाने-पीने की रसद ख़त्म हो गई तो फिर...?' केसर ने झेंपते हुए पूछा।

'ले सुन... तुम्हें एक राजा की हाड़-बीती सुनाता हूँ...' फ़कीर ने बात सुनाना शुरू की।

एक राजा बहुत ही रहम दिल था, उसने अपना आधा ख़ज़ाना लोगों को बाँटने की निर्णय ले लिया। निश्चित दिन को प्रजा में मुनादी करवा दी गई। लोग पंक्ति में खड़े हुए बारी-बारी अपनी झोलियाँ भर-भर के सोने की मोहरें लेने लगे।

राजा भी वेष बदल के देखने गया कि कहीं कोई पक्षपात तो नहीं हो रहा... राजा ने देखा कि पंक्ति के सबसे अंत में एक गरीब आदमी खड़ा है, जो अपनी 'बारी' हर आए हुए नवागत को प्रदान किए जा रहा है।

यह क्रम काफ़ी देर तक चलता रहा। तभी राजा जो कि उस समय एक आम आदमी के वेश में था, उस आदमी से पूछा, 'तुम अपनी 'बारी' दूसरों को क्यों दे रहे हो...?'

गरीब आदमी ने उत्तर दिया, 'हमारे शहंशाह के पास तो सोने की असंख्य मोहरें हैं... जिन्हें वह बाँट रहा है... लेकिन... मेरे पास तो लोगों को बाँटने के लिए सिर्फ़ मेरी 'बारी' ही है, जिसे मैं बाँट रहा हूँ...' राजा उसके इस उत्तर से आश्चर्यचकित रह गया।

अचंभित हुआ राजा जब वापस महलों में लौटा तो रानी ने पूछा, 'जहांपनाह... कहाँ से आ रहे हो...?'

'मैं आज दुनिया के सबसे बड़े दानवीर से मिलकर आ रहा हूँ...' राजा ने इत्मीनान से उत्तर दिया।

फ़कीर ने अपनी बात करके, ढलते हुए सूरज की तरफ़ देखते हुए कहा, 'अब हमें रातभर कहीं ठहरने का स्थान ढूँढ लेना चाहिए...'

रास्ते के साथ-साथ उगे 'मलियों' से केसर ने अध-पके बेर तोड़ कर अपने तौलिए में रख लिए। थोड़ी दूर आगे जाने पर एक दरख़्त दिखाई दिया। दोनों ने सामान एक नीचे वाली टहनी के साथ बांधा और दरख़्त के नीचे बैठ गए।

फ़कीर ने फिर बात आगे जारी करते हुए कहा, 'जिसके पास दौलत नहीं है, वह किसी अन्य तरीके से दूसरों की सहायता कर सकता है... वह अपना समय प्रदान कर सकता है, किसी के पास बैठकर उसका दर्द सुन सकता है... प्रत्येक धर्म ने अपनी नेक कमाई का कुछ अंश दान देने की तालीम दे रखी है... जिसे हम 'दसबन्ध' कहते हैं... इस्लाम में इसे 'ज़कात' के रूप में जाना जाता है... मेरे फ़ौज वाले मौसेरे भाई ने बताया था कि उसकी पलटन के एक ईसाई अफ़सर इसे 'टाईथ' और यहूदी 'सैडका' के नाम से जानते थे। इसी तरह हिन्दू धर्म और बुद्ध धर्म में भी दान देने का बहुत महत्त्व है...'

'जितना धन-दौलत को कमाने के बारे में सीखना ज़रूरी है, उतना ही यह सीखना भी ज़रूरी है कि धन-दौलत का उपयोग कैसे करना है...? पैसा कमाके उसे खर्च नहीं करने वाला आदमी मालिक नहीं, बल्कि पैसे की चौकीदारी करने वाला शख़्स बनकर रह जाता है... इसी तरह पैसा कमाकर ऐशो-आराम में उड़ा देने वाला

शख़्स, कंगाल बनकर रह जाता है... जीने का हुनर दरअसल वही सीखता है जो अपनी मूलभूत ज़रूरतों को पूरा करके अपने संचित किए हुए धन-दौलत में से कुछ हिस्सा दूसरों की सहायता तथा भलाई के लिए खर्च करता है...'

वे बेरी से तोड़ते हुए बेरों को धीरे-धीरे खाने लगे। जब अन्धेरा परसने लगा तो फ़कीर ने पोटली में से अपनी माला निकाल कर आसन जमा लिया। केसर भी पास ही लेट गया। आज नींद उसकी आँखों से कोसों दूर थी। गाँव वाले मिट्टी के घर, संकरी गलियाँ तथा विशाल ख़ेत जैसे उसे पुकार रहे थे।

आसमान की ओर ताकते हुए वह सोचने लगा कि इन्हीं तारों को तो वह अक्सर अपने घर की छत से देखता होता था। आज यही तारे केसर को बहुत ही अपने-अपने से लगे, जैसे वे उसे ढाँढस बंधा रहे हों। उसका दिल चुपचाप तारों से बतियाने लग गया था।

अरे रात के अकेले तारे, स्याह बादलों में से झाँक रहे तुम, बातों के
हुंकारे लेते हो, ऐसा लगे जैसे कोई गहरा रिश्ता हो।

केसर को सबसे चमकीला तारा अपनी माँ जैसा लगा। उसे आभास हुआ जैसे वो तारा उसके पास आकर बैठ गया हो तथा कह रहा हो, 'सो जा... मेरे दुलारे पुत्तर...' सोचते हुए केसर को लगा जैसे वह अचेत हो गया हो। उसे लगा जैसे वह माँ की गोदी में सिर रखे हुए उसकी बातें सुन रहा हो... और... बापू पास बैठे हुए उसे प्यार से निहारते हुए कह रहा हो, 'जल्दी से जवान हो जा पुत्तरा... हमने अभी अपने शरीके के बहुत उलाहने उतारने हैं एक दिन...'

तारों की कतारें... गाँव की गलियों में... फिर जीती के घर के सामने आ खड़ी हुईं... उसके भीतर गहरे से एक सपना साँसे लेता हुआ प्रतीत हुआ...

'केसरा...' जीती ने उसे कन्धों से पकड़ झिंझोड़ा था। 'हमारा चोरी-छुपे मिलना एक दिन दुनिया के सामने ज़ाहिर हो ही जाना है, फिर हमारी मिट्टी भी कहीं ढूँढने से नहीं मिलनी...'

'ज़ैलदारों की लड़की... आज भयभीत करने वाली बातें क्यों करने लगी है...?' केसर ने कटाक्ष करते हुए पूछा।

'केसरा... तेरे साथ बातें करते हुए, मेरी साँसों में केसर-सी महक आती रहती है... आजकल...' जीती ने सामने पसरते हुए अंधियारे की ओर देखते हुए कहा।

दोनों की चुप्पी अनेक सवालों के जवाब दे गई थी।

...महक का तस्सुवर करते ही उसे बेबे का बनाया हुआ धुआँते हुए कोयले पर तैयार दही का रायता स्मरण हो आया... उसकी स्मृतियों में दूध बिलौती, 'वाहेगुरु... वाहेगुरु...' करती हुई बेबे की आवाज़, केसर के धड़कते हुए दिल को सुकून देने लगी थी... और... वह जागती हुई आँखों वाले सपने की बाँह पर सिर रख कर नींद लेने लगा...

❖ ❖ ❖

दिन-आठवाँ

सूरज की तरफ़ पीठ कर खड़े हुए कोई अपनी परछाई को झाड़ू से पोंछने की कोशिश कर रहा है तो उसे यह बात समझाने की आवश्यकता नहीं है, सिर्फ़ उसके चेहरे को सूरज की तरफ़ मोड़ देने की ज़रूरत है।

(किसी प्राचीन ग्रन्थ की प्रथम पंक्ति)

सूरज पूरे यौवन पर था। धूप में चमक रही धवल रेत आँखों को चुँधिया रही थी। रास्ते में लोग रुकते हुए फ़कीर से अपने दुःख-सुख साझा करते और आशीर्वाद लेते। आज भी नक़ाब ओढ़े हुए कुछ औरतें और अधेड़ उम्र के आदमियों ने झुककर सलाम किया और आशीर्वाद प्राप्त करके आगे निकल गए।

'क्या सैन्तालीस के वक़्त हुई मार-काट कहीं इन्हीं लोगों की वजह से तो नहीं हुई थी...? आपने उन्हें खूब फलो-फूलो और खुश रहने का आशीर्वाद कैसे दे दिया...?' केसर की वाणी में कसैलापन और ज़हन में अपनी बहन तारो थी।

'पुत्तर दंगे और मारकाट करने वाले ना मुसलमान थे और ना सिख और ना ही हिन्दू... पेशेवर दंगई और सियासत वाले लोग अपने मकसद के लिए लोगों की आन्तिरक हैवानियत को भड़का देते थे... यह मसले धर्मों या जातियों के कभी नहीं रहे...' फ़कीर के स्वर में उम्र का तजुरबा बोल रहा था।

'लेकिन... आग में जले हुए घरों पर आतजक भी ताले लटके हुए हैं...' केसर की वाणी में उदासी थी।

'ये तो कभी न भूलाए जाने वाली रूहों के दुःख हैं... इन बातों को रब्ब की रज़ा मान सिर को झुका देना चाहिए... स्वयं को सामान्य हालत में रखना या यही सोचते हुए दुःखी होते रहना... हमारे अपने वश में होता है...' फ़कीर ने बहुत सहजता से कहा।

'वो कैसे...?' केसर इस रहस्य को जानने की कोशिश कर रहा था।

'दुनिया में अधिकतर दुःख आदमी की असीम इच्छाओं की वजह से ही हैं...' फ़कीर ने गंभीर मुद्रा में कहा जैसे वह अपने-आप से बतिया रहा हो।

'अगर इच्छाएं ही मर जाएं तो आदमी कुछ भी न करे...' केसर ने प्रश्न पूछने के लहज़े में उत्तर दिया।

'शहद की पहरेदारी भी वही कर सकता है जिसे डंक मारने का हुनर आता हो... ज़हर विहीन साँपों को सपेरे गले में लटकाए रहते हैं...

इच्छा और फ़र्ज़ में बस यही अन्तर है... आदमी को अपने कर्त्तव्यों को पहचानने की तरफ तवज्जो देनी चाहिए... अपने प्रति... अपने परिवार के प्रति... समाज और मानवता के प्रति... जिसे अपने कर्त्तव्यों का आभास हो गया, वह अपनी इच्छाओं को भी वश में रखना सीख जाता है...'

फ़कीर ने अपनी बात जारी रखी, 'सिकंदर दुनिया को जीतने की होड़ में एक नये मुल्क की सीमा पर बहते विशाल दरिया को लाँघ रहा था... दरिया के दूसरे छोर पर एक साधु की कुटिया थी... उसने वहाँ से हट जाने के हुक्म को अनसुना कर दिया...'

'तुम्हें पता है यह लश्कर एक विजयी बादशाह का है... सिकंदर बादशाह का... जिसने पूरी दुनिया को जीता है...' फ़ौज के एक सिपहसिलार ने डपटते हुए कहा।

'मैं भी तो एक विजयी बादशाहू हूँ...' साधु ने कहा।

'तूने क्या जीता है...?' सिपाही ने मुस्कुराते हुए पूछा।

'मैंने जीतने की 'इच्छा' को जीत लिया है...' इतना कहते हुए साधु फिर लेट गया।

अपनी कथा समाप्त कर फ़कीर ने क्षणिक रुक कर मशक में से थोड़ा जल ग्रहण किया और केसर को भी दिया। केसर चलते-चलते उस साधु की जीवंतता का कारण जानने का प्रयास कर रहा था, जिसके दिल में बादशाह का भी कोई डर नहीं था।

केसर फ़कीर के पीछे-पीछे चलते हुए आसपास भी देख रहा था। यह रास्ता, ठेठ लोक पहनावा, और बोलचाल केसर को बहुत अलग-अलग से प्रतीत हुए, उसे लगा जैसे वह किसी दूसरे मुल्क़ में आ गया हो।

'यहाँ के गाँव हमारे गाँवों से कितने भिन्न हैं...' केसर ने एक गाँव के पास से गुज़रते हुए कहा।

'सुनते हैं कि हर चौदह कोसों के बाद लोगों की भाषा, पहनावा और खान-पान अलग-सा हो जाता है, क्योंकि ये लोग एक गाँव या एक इलाके में रहकर ही पूरी उम्र तमाम कर देते हैं...' फ़कीर ने उसे समझाया।

'इस में कीकर के दरख़्त बहुत हैं...' केसर ने रास्ते के दोनों ओर उगे कीकर के दरख़्तों की ओर देखते हुए कहा।

'हाँ... यहाँ की एक कहावत भी बहुत प्रचलित है... चलो मालवा में चलें, जहाँ कीकरों पर आम उगते हैं...' फ़कीर ने कीकर के पीले फूलों की ओर देखते हुए कहा।

'आम तो हमारी तरफ़ बहुत होते हैं...' इतना कहते हुए केसर का मुँह मिठास से भर गया। केसर को अपने गाँव के आम के सभी दरख़्तों की जानकारी थी कि कौन-सा मीठा है और कौन-सा खट्टा।

आज हवा बहुत तीव्रता से चल रही थी, टीलों की रेत भी उड़ने लगी थी। एक कुएं के पास आकर वे दोनों रुक गए। कुएं की बगल वाले स्थान पर सोने का तस्सुवर करते ही दोनों ने अपना सामान उतारा और कुएं में से पानी निकाल कर स्नान करने लगे। स्नान के बाद केसर, फ़कीर की दिन-दिहाड़े सुनाई उस साधु की कहानी को आत्मसात करने लगा, जिसने जीतने की लालसा पर नियंत्रण कर लिया था... केसर ने मन ही मन सोचा कि उसे तो चहूँ तरफ़ असफलता ही दिखती है...

केसर की मानसिक स्थिति को जैसे फ़कीर ने उसके चेहरे की इबारत से पढ़ लिया था। उसने केसर की तरफ़ देखते हुए कहा, 'कभी चींटी को चलते हुए देखा है? कैसे वो हर अवरोध को पार करते हुए या एक तरफ़ होते हुए आगे निकल जाती है... लेकिन... कभी रुकती नहीं... इसी तरह पानी भी पत्थरों के ऊपर से गुज़र जाता है... लेकिन... कभी रुकता नहीं... बस ज़िन्दगी को जीने का यही फ़लसफ़ा है... जब कभी भी कोई अवरोध दिखे, अपना ध्यान अवरोध की बजाए उसका हल ढूँढने में एकाग्र कर देना चाहिए...'

धीरे-धीरे चश्मे की तरह गिर, पानी की तरह बह दरिया बनके।
समय की ठोकरों से बच-बचा के, पत्थरों के बीच से गुज़र हवा बनके।

फ़कीर के वृतान्त ने केसर को भीतर तक उल्लास से भर दिया... साँझ ढल चुकी थी। जीव-जन्तुओं के कलरव ने वातावरण को संगीतमयी बना दिया था। फ़कीर धूनी रमाए हुए, अंतर्धान हुए बैठा था।

ढलते सूरज की लालिमा को निहारते हुए केसर को जीती का स्मरण हो आया था। उसे लगा जैसे धूनी की लपटें उसके भीतर धधक रहीं हों... और आग की इन लपटों ने उसके अन्तर्मन को शीतल कर दिया हो।

❖ ❖ ❖

दिन–नौवाँ

पानी कुआँ का ही मीठा होता है, समन्दर का नहीं... किसी के बड़प्पन का अंदाज़ा उसकी आन-बान से नहीं लगाना चाहिए।

(नतमस्तक हुए सिरों पर कभी ताज़ नहीं टिका करते)

दिन के प्रथम प्रहर की शुरूआत होते ही, केसर और फ़कीर ने अपनी राह पकड़ी। लम्बे-लम्बे क़दम बढ़ाते हुए कभी-कभार फ़कीर रास्ते में पड़े किसी कंकर या पत्थर को अपने डण्डे से हटा देता। कभी फ़कीर तेज़ चाल से आगे निकल जाता तो केसर को उसके साथ चलने के लिए क़दमों को तेज़ी से फलांगना पड़ता।

रास्ते में ऊँट को पकड़कर जा रहे एक नाटे क़द के शख़्स ने रुक कर फ़कीर के चरण स्पर्श करते हुए कहा, 'मेरे पाँवों में कोई चक्कर है महाराज... ! बहुत काम करने के बाद भी कोई काम सिरे नहीं चढ़ता... किसी एक जगह रुकना भी नसीब में नहीं... मुझे आशीर्वाद दो...'

'दस-दस गज की गहरी पाँच खाइयाँ खोदने से कभी पानी नहीं निकलता... भले मानस... पचास गज गहरा एक ही कुआँ खोदना पड़ता है...' फ़कीर ने ऊँट वाले शख़्स को समझने की कोशिश की।

साईं जी... आपने भी दुनिया खूब घूमी है... क्या सच ही पाँवों में चक्कर होता है... ?' केसर ने फ़कीर से पूछा।

'ज़िन्दगी एक चक्कर घिन्नी की तरह ही तो है... ज़िन्दगी जहाँ से आरम्भ होती है... एक दिन वहीं आकर समाप्त हो जाती है... चक्कर घिन्नी की तरह...हर शख़्स का अपना-अपना चक्कर है... ब्रह्मण्ड में हर चीज़ घूम रही है... सारी धरतियाँ घूम रही हैं... हमारा शरीर भी कई छोटे-छोटे अणुओं से निर्मित है जो कि लगातार घूम रहे हैं...'

'जब शरीर घूमता है तो मन स्थिर होता है, इसी तरह हम सभी धार्मिक स्थलों की परिक्रमा करते हैं... प्रसिद्ध सूफी संत रूमी के समय से तुर्की के क्षेत्र में एक नृत्य कला आज भी बहुत प्रचलित है... यह मात्र एक नृत्य ही नहीं बल्कि सूफी दरवेशों से जुड़ने का एक साधन है... इस नृत्य में दरवेश लोग आँखें मूंदकर, बाज़ुओं को फ़ैलाते हुए, संगीत का स्वरलहरियों की धुन में रमे घूम-घूम के रब्ब को स्मरण करते हैं... वे दाहिने हाथ की हथेली को ऊपर और बाएं हाथ की हथेली को नीचे करके घूमते हैं जिसका अभिप्राय एक हाथ से अल्लाह से लेकर दूसरे हाथ से दुनिया को प्रदान करना है...'

बाबा नानक ने अपनी उदासियों के वक़्त अस्सी हजार कोसों से भी अधिक का सफ़र किया था... दुनिया भर की घुम्मकड़ी करके हमें यह भी प्रतीत होने लगता है कि धरती के विशाल फैलाव में हम मात्र एक कण की तरह हैं... फ़कीर ने कहना जारी रखा, 'एक बार शिकार करते हुए एक राजा ने रास्ता भटकने के कारण रात को किसी साधु की कुटिया में विश्राम किया...राजा का कोई कर्मचारी जो कि नक्शे की मदद से रास्ता तलाश रहा था, साधु ने प्रश्न किया, 'उससे 'रब्ब के बन्दे'... आप कहाँ जा रहे हो...?'

उस अहलकार ने गुस्साते हुए कहा, 'तुझे शहंशाह के राज्य की कोई जानकारी नहीं...? तुम्हें मालूम नहीं, यह कौन हैं...?'

'नहीं... मुझे नहीं पता... दिखाओ तो... इस नक्शे में इनका राज्य कहाँ तक है...?' साधु ने पूछा।

अहलकार ने उस विशाल नक्शे पर एक छोटे-से राज्य की तरफ़ संकेत किया, 'यह है जहांपनाह का राज्य...'

'इसमें इनका घर कहाँ पर है...?' साधु ने कहा। अहलकार ने एक निशान की तरफ़ संकेत किया।

'हाँ... तो अब मैं समझ गया हूँ...' साधु ने कहा। 'संसार में तुम एक छोटे-से निशान से अधिक कुछ भी नहीं हो...' कहते हुए साधु ने करवट बदली और सो गया।

फ़कीर ने कहानी समाप्त करते हुए केसर को सम्बोधित होते हुए कहा, 'केसर पुत्तर... आदमी को अपने अहम होने का भ्रम हो गया है... दूसरे विश्व युद्ध में लाखों मारे गए... लाखों परिवार उजड़ गए... एक मुल्क ने दूसरे मुल्क के दो शहर बमबारी से ध्वस्त कर दिए... यह क़हर इसलिए बरपा, क्योंकि ब्रह्माण्ड के पूरे वितान में इन्सान अपनी निगोड़ी हैसियत भूल चुका है...' कहते हुए फ़कीर ने आसमान की तरफ़ ताकते हुए आँखें मूँद लीं, जैसे अराधना में लीन हो।

केसर की तन्द्रा बमबारी से तहस-नहस हुए शहरों में जा अटकी। उसे प्रतीत हो रहा था कि आजकल उसका दिल जैसे दो भागों में विभक्त हो गया हो। आधा अंश फ़कीर के अंगसंग और आधा अंश गाँव में ही छूट गया हो। उसके ज़हन में बहुत से प्रश्न पनपते परन्तु फ़कीर के उत्तर उसकी समझ के दायरे से दूर थे।

फ़कीर सुबह-शाम 'रब्ब' का स्मरण करता है... केसर ने सोचा... जैसे मैं जीती को याद करता हूँ... शायद मेरा 'रब्ब' जीती ही है। जैसे फ़कीर बार-बार मुँह ही में फुसफुसाता है, जैसे 'रब्ब' से बातें कर रहा हो। वह भी तो सदा ही ख़्यालों में जीती से ही बतियाता रहता था।

केसर को उस दिन का स्मरण हो आया, जब उसने कहा था, 'जीती...मुझे लगता है हम दोनों चाँद और सूरज की तरह हैं...'

'वो कैसे...?' जीती ने पूछा था।

'हमने सुबह-शाम मिलते तो रहना है, लेकिन हमें कभी भी साथ-साथ रहना नसीब नहीं होगा...' इतना कहते ही केसर ने अपना चेहरा दूसरी तरफ़ फेर लिया था।

केसर की इस बात से जीती उदास हो गई थी। केसर के दिल में आया था कि वह जीती के दोनों हाथों को अपने हाथों में जकड़ ले... लेकिन... वह तो घास पर फ़ैले उसके दुप्पटे का कोना ही पकड़ सका था।

यादों में विचरते हुए केसर एकाएक उठके बैठ गया और आसन की मुद्रा में बैठे फ़कीर को पूछने लगा, साईं चला जाए... लेकिन... उसका अपने गाँव से मोहभंग क्यों नहीं हो पाता...?'

जी... आदमी चाहे कहीं भी 'जवान... यही तो आदमी की मूल प्रवृति है... अपना जन्म स्थान, अपनी बोलचाल और अपना बचपन आदमी की जड़ें होती हैं... दरख़्त की शाखाएं चाहे जितनी भी फ़ैल जाएं, परन्तु झुकती वे अपनी जड़ों की तरफ़ ही हैं... आदमी चाहे जहाँ भी पहुँच जाए, कभी न कभी अपनी मिट्टी की तरफ़ पलटता ज़रूर है... चाहे वह ख़्यालों में ही लौटे...'

केसर को हर दिन ही अपने भीतर कुछ परिवर्तन होता हुआ प्रतीत होता था। उसे बापू के घर से पलायन करने का सबब अब समझ में आने लगा था... बापू एक बार मिल जाए, वह उसे घर वापस लिवाकर बेबे और बापू को हमेशा के लिए ख़ुश रखेगा... और... केसर का हाथ एकाएक गले में लटक रहे ताबीज़ को छूने लगा था।

फ़कीर अभी भी चौकड़ी लगाए बैठा था। केसर की आँखें नींद से बोझिल हो रही थीं।

आँखों के कोरों में जीती पालथी मारे बैठी थी। उसे प्रतीत हुआ, जैसे उसकी आँखों पर किसी ने अंगुली के नरम-नरम पोर रखकर कहा हो, 'केसर... यह कैसा प्यार है रे तेरा... तू तो अब दिखने से भी जाता रहा रे...?'

केसर के दिल में आया कि जीती को आलिंगन में लेते हुए कहे, 'मेरा प्यार तो आँख की पलक की तरह है, जिसे आँख कभी देख नहीं सकती और जिसके होते हुए आँख को कोई छू भी नहीं सकता...'

❖ ❖ ❖

दिन-दसवाँ

जो युद्ध नहीं करता, उसे पराजित नहीं किया जा सकता...

(युद्ध की मारा-मारी में कोई किसी को शस्त्र उधार में नहीं देता)
(अगर लक्ष्य घुड़सवार हो तो पहला तीर घोड़े पर ही चलाना पड़ता है)

आसमान में इक्का-दुक्का बादल घुमड़ रहे थे। जब कोई बदली सूरज के समक्ष आ जाती तो सूरज की किरणें बादलों में से छनकर गिरतीं और धूप अधमरी-सी हो जाती।

अभी चलते हुए कुछ क्षण ही गुज़रे थे तो एक लंगड़ा आदमी अपने गधे पर कुछ बोझ लादे हुए मिला। फ़कीर ने उस राहगीर को मुट्ठी भर भुने हुए चने देते हुए कहा, 'रब्ब के बन्दे...! तू बहुत मुश्किल से चलता है... अपने गधे पर क्यों नहीं बैठ जाता...?'

राहगीर ने अपने हाथों से चने गधे को खिलाते हुए कहा, 'जल्दी पहुँच के मैंने कौन-सी दुनिया को जीत लेना है... कल भी तो इसी रास्ते से बोझ ढोने ही निकलना है...' इतना कहते ही वह ठठाकर हँस पड़ा।

'क्या किसी ने दुनिया को फ़तह भी किया है... साईं जी...?' केसर ने पीछे से तेज़ क़दमों से चलते हुए फ़कीर के पास पहुँचते हुए पूछा।

'जिसने जीतने को ही अपना लक्ष्य बना लिया हो... वह सब कुछ जीत कर भी पराजित ही रहता है... यह युद्ध जीतने का है ही नहीं... जवान...' फ़कीर ने गम्भीर होते हुए उत्तर दिया।

एक बार खूँखार मंगोल वंश का हमलावर चंगेज़ ख़ान... कितने ही मुल्कों को जीतने के बाद एक शहर के आसपास पहुँचा... किसी गुप्तचर ने आकर उसे सूचित किया कि लोग चंगेज़ ख़ान के क़हर से भयभीत हुए घर-बाहर छोड़ कर निकल चुके हैं... शहर एकदम ख़ाली हो गया है... सिर्फ़ एक साधु ही अपनी कुटिया में विराजमान

है... चंगेज़ ख़ान जो अक्सर अपने गुस्सैल स्वभाव के कारण कुख़्यात था, घोड़े को दौड़ाते हुए उस साधु की कुटिया में पहुँचा और साधु को बाहर निकलने के लिए ललकारने लगा।

'कौन हो तुम भाई...?' भीतर बैठे हुए साधु ने पूछा।

'तू जानता नहीं... मैं कौन हूँ... अगर मैं अपनी ज़िद पर आ जाऊँ तो मैं आँख झपकते ही तुम्हें फाड़ के रख दूँगा...' चंगेज़ ख़ान ने आग-बबूला होते हुए कहा, 'और तू कौन है...?'

साधु ने उत्तर दिया, 'मैं वो हूँ जिसे कोई भी आँख झपकते ही फाड़ के रख सकता है...' साधु का उत्तर सुनते ही चंगेज़ ख़ान चुपचाप अपने लश्कर सहित आगे निकल गया। इस तरह साधु ने बिना अस्त्र-शस्त्र के ही चंगेज़ ख़ान के चारों खाने चित्त कर दिए थे। फ़कीर ने वृतान्त सुनाते हुए कहा।

हाथों में फूल और साथ ही हथियार रखना, दिल में दर्द और जुबां पर प्यार रखना। किसम-किसम के आदमी और वक़्त मिलेगा, दिलों को जीतने के ढब हजार रखना।

'जो झुकने का हुनर जानता है, वह तो बिना युद्ध किए ही जीत जाता है...' फ़कीर ने कहा।

'भरकम चीज़ सदा ही झुक जाती है, पानी का बहाव हमेशा ही निचली तरफ़ होता है और तिनका हमेशा विकराल तूफ़ान में भी बचा रह जाता है...क्योंकि वह झुक जाता है...'

केसर को फ़कीर की बातें सुनने में आनन्द आता था। एक-एक शब्द जैसे दिल के भीतर उतर जाता था।

दिन उजला और मौसम ख़ुश-मिज़ाज़ होने से आज उन्होंने काफ़ी सफ़र तय कर लिया था। शाम ढलते ही केसर कुछ थकान-सी महसूस करने लगा था। उसे स्मरण हो आया कि जब कभी वह खेलने के बाद घर वापस आता था तो बेबे कभी उसे गर्मागर्म दूध देती, कभी तेल से उसके तलवों की मालिश कर देती, कभी पिण्डलियों की मालिश कर देती और वह बेबे की लोरियाँ सुनते हुए नींद की आगोश में समा जाता।

आज केसर को बेबे की लोरियाँ स्मरण होने लगी थीं... लेकिन... नींद कोसों दूर थी। वो लोरियाँ आज केसर के ज़हन में बार-बार दस्तक दे रही थीं... और... स्मरण

करते-करते केसर की बोझिल आँखें, नींद के थपेड़ों से स्वतः ही धीरे-धीरे मुंदने लगीं।

'केसरा...?' यह जीती का स्वर था।

'हूँ...'

'लगता है... यहाँ मेरे नाम की कोई लकीर नहीं है...' जीती ने केसर की हथेली पर अपनी अंगुली फिराते हुए कहा।

'मैं पूरे का पूरा तेरा हूँ... पगली तूने एक लकीर का क्या करना है...?' केसर ने जीती की चुनरी को अपनी अंगुलियों में लपेटते हुए कहा। करवट बदलते ही केसर का सपना भी झन्नाहट के साथ टूट गया।

❖ ❖ ❖

दिन-ग्यारहवाँ

ज़िन्दगी में नीम जैसे मित्रों को संभाल कर रखिए, जो चाहे मिठास से तो दूर होते हैं... लेकिन... जब कभी ज़रूरत पड़ती है, कड़वी दवा की तरह काम आते हैं...

**(मोबबत्ती तो फूँक मारने से बुझाई जा सकती है...
लेकिन... अगरबत्ती हरगिज़ नहीं)**

आज केसर को गाँव वाले दोस्त-मित्रों की बहुत याद आ रही थी। उसने दिल की बात फ़क़ीर से साझी करते हुए कहा, 'आने से कुछ दिन पहले मैंने अपने एक दोस्त से झगड़ा कर लिया था, यहाँ तक कि हमारी बोलचाल भी बंद हो गई थी... मुझे अब पश्चाताप हो रहा है...'

'चिन्ता नहीं करनी... वह भी तुम्हारे बारे में ऐसे ही सोचता होगा, जैसा इस वक़्त तू सोच रहा है... तभी तो तुम्हें उसकी याद आ रही है... कहते हैं ना, दिलों को दिल की राह होती है...' फ़क़ीर ने कहा, 'एक बार दो दोस्त गाँव की सीमा से बाहर रहा करते थे... उनके ख़ेतों की मेड़ें भी साझी थीं... दोनों के घर भी खेतों के आसपास ही थे... रोज़ाना का आना-जाना बना रहता था...

एक दिन दोनों के बीच झगड़ा हो गया... वो भी मामूली बात पर और दोनों के बीच बातचीत का सिलसिला टूट गया। एक ने साझी मेड़ के साथ-साथ बड़ी-सी ख़ाई खोदकर उसमें पानी भर दिया। अब एक-दूसरे का आना-जाना भी बंद हो गया था। दूसरा दोस्त इस बात से खिन्न भी था और ख़ाई खोदने से भीतर तक उदास भी।

इन्तकाम की आग में जलते हुए उसने ख़ाई के अपनी तरफ़ एक दीवार उसारने का निर्णय लिया। गाँव से राज मिस्त्री को भी बुला लिया। मिस्त्री ने सभी औज़ारों के साथ अपने बेटे को भिजवा दिया। नाराज़ हुआ दोस्त मिस्त्री के बेटे को दीवार उसारने का काम समझाकर, स्वयं किसी काम से शहर को रवाना हो गया।

वह जब वापस लौटा तो उसने देखा, मिस्त्री के बेटे ने दीवार उसारने की बजाए, ख़ाई के ऊपर एक सुन्दर-से पुल का निर्माण कर दिया था। उसका पड़ोसी पुल के ऊपर से भागते हुए आया और उसे आलिंगन में लेते हुए कहने लगा, 'दोस्त... ग़लती मेरी है... मुझे इस तरह ख़ाई नहीं खोदनी चाहिए थी...'

'हमें इस लड़के का शुक्रिया करना चाहिए...' ख़ुशी में झूमते हुए पहले मित्र ने कहा। लड़के को काम करने के पैसे देते हुए उसने कहा,

'अब तुम यहीं रुक जाओ... यहाँ अभी और भी बहुत सारे काम करने हैं...'

'अभी मैंने और भी कितने पुल बनाने हैं... मैं रुक नहीं सकता... मुझे जाना ही होगा...' लड़के की मुस्कुराहट कुछ-कुछ रहस्यमयी हो गई थी।

'दोस्ती वह अटूट रिश्ता होती है, जो उम्र के साथ-साथ पुराने वट वृक्ष की मानिंद और भी सुन्दर होती जाती है...' फ़कीर ने वृतान्त ख़त्म करते हुए कहा।

गाँव के दोस्तों-मित्रों को स्मरण करते हुए केसर के चेहरे पर सुकून पसर आया था। उसने इन यारों से कभी कोई अच्छी या बुरी बात नहीं छुपाई थी कभी। बचपन में की हुई अनेक शरारतें अब ज़िन्दगी की स्मृतियों की धरोहर बन गई थीं। 'पिट्ठु गरम' और 'बंदर किल्ला' जैसी खेलें खेलते हुए उनकी पीठें आजतक भी ठण्डी नहीं हो पाईं।

प्रथम प्रहर की दुआ जैसे दरख़्तों के झुण्ड में उगी नीम की दवा जैसे। दिल के ज़ख़्मों को ठीक करते हैं, यार मेरे पुरवा की चलती हवा जैसे।

केसर का ज़हन अतीत वाले बचपन में विचरने लगा। गाँव में अखण्ड पाठ वाले दिन रोही वाले भाई जी की चारपाई पर निशानी के तौर पर रखा हुआ डण्डा स्मरण हो आया था, जिसे दूसरे भाई की चारपाई के पास रख दिया था और दूसरे दिन उसी डण्डे से पिटाई हुई थी। रात को चोरी-छुपे तोड़ी हुई कच्ची अमियाँ खाकर दूसरे दिन पूरा दिन दाँत खट्टे रहने की बात भी स्मरण हो आई थी।

जब कभी भी किसी ने उलाहना लेकर आना होता था तो बेबे दूर से ही केसर पर जूती का प्रहार कर देती थी... लेकिन... उस जूती के प्रहार से केसर बचा ही रहता... बेबे का निशाना इतना बुरा भी नहीं होता था... सोचते हुए केसर की आँखें छलछला आईं थीं।

बेबे ने उसे मात्र एक बार ही पीटा था और वो पिटाई उसे आज भी स्मरण है जैसे कल की बात हो। आज उसे फिर वही दिन स्मरण होने लगा...गाँव की 'फिरनी'

पर खूब रौनक थी। बरगद के पास वाली खुली जगह में गाड़ी वालों के कबीले ने हर साल की तरह कुछ दिनों के लिए पड़ाव डाला था। आधे दिन में ही बाँसों की खप्पचियों को जोड़कर छोटे-छोटे तंबूओं से गाँव का प्रांगण लगभग खचाखच भर गया था। सारा गाँव जैसे झूमने लगा था, जैसे गाँव में किसी शादी का आयोजन होने वाला हो। श्रृंगारी हुई गाड़ियाँ और बैलों की सजावट ने पूरे गाँव को रंगीन बना दिया था।

गाड़ी वालों की साँवले रंग वाली लड़कियाँ 'हूर' की मानिंद प्रतीत हो रही थीं। खूब लम्बे परांदे, तंग कुरतियाँ, खुले घेरे वाले ऊँचे घाघरे, ठुड्डी पर उकरे काले तिल, नाक में नथुनियाँ और पाँवों में तीख़ी नोक वाली जूतियाँ डाले हर वक़्त चेहरे पर मुस्कुराहट चिपकाए हुए लगातार आपस में बतिया रही थीं।

लम्बे कुर्ते और 'चादरें' पहने, कानों में ' मोटे छल्लेदार आभूषण' डाले हुए गाड़ियों वाले मर्द, हाथों में छोटे-छोटे हुक्के पकड़े घूम रहे थे।

उन्होंने चिमटे, फूँक मारने वाली नालें और खुरपे बनाने शुरू कर दिए। भट्ठियों को आग से गरमा के खेतीबाड़ी के औज़ारों की मरम्मत भी शुरू हो गई। गाड़ी वाली लड़कियों ने गाँव की गलियों में हेकें लगाते हुए चिमटे, भूकने और खुरपे बेचने का काम संभाल लिया। अनाज की झोली या चारे की टोकरी देकर लोग अपनी इन ज़रूरतों के अनुसार उनसे काम करवाने लगे। केसर को इन ख़ुशदिल लोगों के व्यवहार ने मोह लिया था। वह भट्ठी पर काम कर रहे एक बुज़ुर्ग के पास जाकर बैठ गया।

'आप हर साल कहाँ से आते हो...?' केसर ने उसे प्रश्न किया।

'हम ठहरे महाराजा प्रताप के कुल से... जब अकबर से हमारे महाराणा हार गए तो हमारे पूर्वजों ने चित्तौड़ छोड़ दिया और क़सम खाई कि जब राज्य को जीत लेंगे, तभी वापस लौटेंगे... तो छोकरे (छोरे) तभी से हम बंजारों की तरह घूम रहे हैं...' वह बुज़ुर्ग केसर से बतियाने के साथ-साथ अपने काम में भी मग्न रहा था।

बातें करते हुए मालूम ही नहीं हुआ कि कब रात पसरने लगी थी। उसे अलग-अलग घरों में तलाशते हुए बेबे का बुरा हाल हो गया था। जब बेबे ने केसर को गाड़ियों वालों के साथ बैठे देखा तो उसकी जान में जान आई। बेबे ने उसे बाज़ुओं से पकड़ कर घर की तरफ़ मोड़ दिया। रास्ते में बेबे केसर की पिटाई भी करती आ रही थी और साथ में फफकती भी जा रही थी।

उस दिन के बाद केसर कभी भी बेबे को बिना बताए घर से बाहर नहीं गया था और अब उसे बेबे को बिना सूचित किए, फ़कीर के साथ आए हुए कई दिन हो गए थे... ना मालूम अब बेबे किस अवस्था में होगी... यह सोचते हुए केसर और भी उदास हो गया था।

❖ ❖ ❖

दिन-बारहवाँ

मुस्कुराते हुए चेहरों में छुपे, कब्रों जैसे सरसराते सन्नाटे भी हो सकते हैं

(आँसुओं का बोझ केवल पलक ही जानती है)

सुबह उठने के बाद चलते हुए अभी कुछ क्षण ही हुए थे कि रास्ते में एक बुजुर्ग ने फ़कीर और केसर को बहुत सत्कार से रोक कर अपने काँपते हाथों से मीठे चावल खाने को दिए। बुजुर्ग जो कि कुबड़ा था, एक डण्डे के सहारे खड़ा था। वह बहुत उदास-सा प्रतीत हो रहा था। फ़कीर के पूछने पर उसने बताया, 'आज मेरे पुत्तर की वार्षिकी है... बहुत साल पहले मेरे जवान बेटे को कुलच्छनी प्लेग़ ने निगल लिया था...'

फ़कीर ने बुजुर्ग कंधों पर हाथ रखते हुए कहा, 'यह तो बहुत बड़ा क़हर हो गया, मेरे भाई... ज़िन्दगी के चार सबसे अहम दुःखों - गरीबी, बिछड़ना, बीमारी और जवान पुत्तर की मृत्यु में से, जवान पुत्तर की मृत्यु असहनीय है, क्योंकि इससे माँ-बाप के संजोए हुए भविष्य की भी मौत हो जाती है...' बुजुर्ग हाँ में अपना सिर हिलाते हुए गहरी सोच में डूबने लगा था।

फ़कीर ने अपनी बात जारी रखी, 'बहुत पुरानी बात है... महात्मा बुद्ध के समय की - एक बच्चे की बीमारी से मृत्यु हो जाती है... व्यथित माँ की व्यथा असहनीय हो गई थी।

माँ कह रही थी, 'मेरा पुत्तर मर नहीं सकता... मैं इसे दुबारा जीवित देखना चाहती हूँ...' बच्चे की माँ, मरे हुए बच्चे को लेकर इलाके के हर वैद-हकीम के पास गई... लेकिन... फिर से जीवित करने की दवा तो किसी के पास थी ही नहीं...

किसी के सुझाने पर वह माँ, महात्मा बुद्ध के मठ पर याचना करने गई। महात्मा बुद्ध ने शोक-संतप्त माँ के चेहरे को रहमदिली से देखा और कहा, 'एक समाधान है

बच्चे को फिर से जीवित करने का... लेकिन... इसके लिए आपको किसी घर से नमक लेकर आना होगा...'

'नमक लेकर आना तो कोई बड़ी बात नहीं...' माँ की आस्था जागृत हो उठी।

'लेकिन... नमक उस घर से लाना चाहिए, जिस घर में कभी कोई मौत न हुई हो...' बुद्ध ने कहा।

मरे हुए बच्चे को गोदी में उठाए माँ गाँव-गाँव, घर-घर की ठोकरें खाती रही। लेकिन... ऐसा कोई भी घर नहीं मिला, जहाँ कभी मौत ने झपट्टा न मारा हो। हताश होकर जब माँ वापस मठ में लौटी तो बुद्ध ने कहा, 'माँ जीवन है तो दुःख भी ज़रूर आएंगे... हर वक़्त सुख की इच्छा करना ही दुःखों को न्योता देना है...'

माँ की आँखों में आँसू अब भी बह रहे थे... लेकिन... ये आँसू विवशता के नहीं थे बल्कि बिछड़ने के दर्द के थे। बुज़ुर्ग को ढाँढस बंधा के फ़कीर और केसर आगे निकल गए। झींगुरों की आवाज़ ने चुप्पी को ग़मज़दा कर दिया था।

केसर ने चुप्पी तोड़ते हुए पूछा, साईं जी... हर रोज नए-नए लोगों से मिलकर मुझे लगता है कि हर शख़्स की ज़िन्दगी में कोई न कोई शोक ज़रूर होता है... लेकिन... फिर भी कई जनों को देखके ऐसे लगता है कि इन्होंने कभी भी किसी दुःख की शक़्ल नहीं देखी होगी... लोग दुःखों को छुपाने का हुनर कैसे सीख लेते हैं...?'

'पुत्तर... दरअसल दुःख आदमी को व्यथित नहीं करते... हम भी दुःखों को जितना अपने दिलों पर लगा लेते हैं व्यथित कर देती है...' फ़कीर ने फिर से एक कथा सुनानी प्रारम्भ कर दी।

उतनी ही ज़्यादा वेदना हमें 'एक बार एक शिष्य ने अपने गुरु से पूछा था, 'ज़िन्दगी में से दुःखों को कैसे 'मनफी' किया जा सकता है... गुरुजी...?'

गुरु ने शिष्य को नमक की दो कटोरियाँ भरकर लाने का आदेश दिया। जब शिष्य कटोरियाँ लेकर लौटा तो गुरु ने पहले वाली नमक की कटोरी को पानी के एक गिलास में घोलकर पीने का आदेश दिया।

'पानी कैसा लगा...?' गुरु ने पूछा।

'बहुत कसैला...' शिष्य ने नमक वाला पानी पीकर उत्तर दिया। अब दूसरी नमक वाली कटोरी को गुरु ने शिष्य को पास वाली झील में घोलने का आदेश दिया और उस झील में से शिष्य को पीने के लिए पानी दिया।

'अब पानी कैसा लगा...?' गुरु ने झील का पानी पीते हुए शिष्य से पूछा।

'बिलकुल ताज़ा...' शिष्य ने उत्तर दिया।

'बस इसी तरह दुःख भी ज़िन्दगी में नमक की तरह ही हैं... अगर दिल को गिलास की तरह छोटा बनाएंगे तो दुःख बहुत छोटे-से प्रतीत होने लगेंगे...' गुरु जी ने समझाते हुए कहा।

कहानी ख़त्म करके, फ़कीर ने रातभर ठहरने के लिए सामान एक सपाट जगह पर टिकाते हुए कहा, 'केसर पुत्तर, दुःख तो दारू की मानिंद हैं... माखन को आग पर तपाने के बाद ही घी बनता है तो उसकी कीमत और उम्र दोनों ही बढ़ जाते हैं...' फ़कीर धूनी रमा के बैठ गया। सोने की तैयारी करता हुआ केसर सोचने लगा था कि उसने फ़कीर को कभी सोते हुए नहीं देखा। फ़कीर हर रोज उसके जागने से पहले ही स्नान-पानी से निवृत हो चुका होता।

फ़कीर को नींद आख़िर कम क्यों आती है...? इतना सोचते हुए केसर ने उसे पूछा, साईं जी... आप बहुत कम सोते हो... मुझे तो मेरी बेबे कुम्भकरण कहा करती थी, क्योंकि मैं कभी-कभार तो दोपहर तक भी सोया रहता था...' केसर अब फ़कीर से बतियाते हुए खुलने लगा था।

'नींद, शरीर और मन का विश्राम है... पुत्तर अगर मन चिन्ता रहित हो तो शरीर थकता नहीं... मन चिन्ता मुक्त तभी रह सकता है, जब वो स्थिर हो और मन ध्यान लगाने से स्थिर होता है या किसी चीज़ पर ध्यान एकाग्र करके... बस जब से रब्ब से जुड़ने का जुनून शुरू हुआ है... मेरी नींद कम हो गई है...' फ़कीर ने तफ़सील दी।

फ़कीर ने जलती आग को 'छिट्टी' से हिलाते हुए कहा, 'आग जो धूने से इसका असली आकार देती है, वही आग इसे राख़ में तब्दील कर देती है...शायद इसीलिए 'धूने' को निकट से देखना, ज़िन्दगी को निकट से देखने के तुल्य है...'

उसने बात जारी रखते हुए कहा, 'जैसे राख़ के भीतर अंगारे होते हैं और आग फिर से धधक सकती है... इसी तरह हमें भी ज़िन्दगी में कभी आशा का पल्लू नहीं छोड़ना चाहिए, क्योंकि पराजय में ही दूसरी विजय के चिन्ह होते हैं...' केसर के स्वर में रची-रची उदासी को जैसे उसने भाँप लिया था।

फ़कीर ने राख़ को खंगाला तो चिंगारियाँ उड़के अंधेरों के साथ क्रीड़ा करती हुई प्रतीत हुईं। आग की चिंगारियाँ अंधेरी रात में जुगनुओं की तरह प्रतीत होने लगी थीं।

इन चिंगारियों की ज़िन्दगी कितनी छोटी है... केसर सोच रहा था... फिर भी ये कितनी प्रफुल्लित लग रही हैं और हंसते-खेलते रोशनी बाँट कर क्षणों में ही ख़त्म हो जाती हैं। रात के अंधेरे में ये जुगनुओं जैसी चिंगारियाँ, केसर को जीती के काले घाघरे में जड़े चमकदार शीशों जैसे प्रतीत होने लगी थीं।

❖ ❖ ❖

दिन-तेहरवाँ

चिड़ियाघर में जन्मे शेर के बच्चे के लिए, चिड़ियाघर के बाहर आदमियों का जंगल होता है...

(मन जो कभी सोच नहीं सकता, आँख उसे देख नहीं सकती)

अब धीरे-धीरे केसर को भी फ़कीर की तरह अमृत वेले में जाग जाने का अभ्यास हो गया था। रात को उनके सोने का ठिकाना 'जंड' का दरख़्त हो गया था। चिड़ियों की चहचहाट से केसर की आँख खुल गई। जंड का दरख़्त सुबह ही किरणों से और भी हरा-भरा लग रहा था। धुएं रंग वाले रेत के टीलों और सुरमई आकाश के धुंधले से क्षितिज के पीछे, सूरज की लाल रंग की टिकिया धीरे-धीरे उभर रही थी। केसर एकाएक उठ कर बैठ गया, जैसे उगते सूरज ने उसे हाथ बढ़ा के उठा दिया हो। सफ़ेद रेत में सूरज की लाली ऐसे घुलने लगी थी, जैसे माखन में कोई सिन्दूर घोल रहा हो।

सूरज की गोल टिकिया ज्यों-ज्यों ऊपर सरकने लगी, अंधेरा गायब होने लगा। केसर को फ़कीर की कही बात सच प्रतीत होने लगी कि अंधेरे का वजूद रोशनी की अदृश्यता के कारण ही है। उगते हुए सूरज को ध्यान से ताकते हुए फ़कीर ने केसर से कहा, 'पुत्तर... सूरज एक ही है जो इस वक़्त किसी के लिए उग रहा है और किसी के लिए छुप रहा है... फ़र्क़ मात्र यही है कि वह इसे किस तरफ़ से देख रहा है...' फ़कीर की बात सुनके केसर किसी गहन सोच में डूब गया।

सुबह का सफ़र अब उसे रुचने लगा था। सुबह-सुबह रास्ते की रेत भी शीतल होती थी और उस पर चलते हुए केसर को बहुत सुकून मिलता। कभी-कभार वह रास्ते में ओस की बूँदों से सराबोर हुई घास पर भी चलने लगता। गीली घास की शीतलता उसके नंगे पाँवों के तलवों से शुरू होकर पूरे शरीर में ठण्डक प्रदान कर देती। वह आँखें मूंदे हुए खड़ा हो जाता तो फ़कीर भी अपनी खड़ाऊ को पाँव से उतार कर उसके साथ आ खड़े होता।

चलते-चलते उसने फ़कीर का ध्यान का एक खण्डहरनुमा मकान की तरफ़ दिलाया। मकान के दरवाज़े पर किसी का नाम उकरा हुआ था, जो अब पूरी तरह से पढ़ा नहीं जा रहा था। फ़कीर ने उस खण्डहर की तरफ़ देखते हुए कहा, 'आदमी यहाँ अपना अधिकार इस तरह जमा लेता है, जैसे यहाँ से कभी लौटकर जाना ही न हो...

जबकि वास्तविकता यह है कि जब दरख़्त सूख जाते हैं
तो परिन्दे भी साथ छोड़ देते हैं।
जिन्होंने इनकी छाँवों का आनन्द लिया था,
बाद में वही इन्हें काट देते हैं।

'मिस्त्र की एक पुरानी कथा है...' फ़कीर ने भुने हुए चनों वाली पोटली को सहजते हुए कहा, 'एक रात को किसी सयाने बुज़ुर्ग को बहुत हसीन सपना आया... सपने में वह एक तितली हो गया है, जो फूलों की बगिया में मंडरा रही है और कई रंग-बिरंगी तितलियों के संग रंग-बिरंगे फूलों में क्रीड़ा कर रही है...'

अचानक उसकी आँख खुलती है तो वह अपनी चारपाई से उठ बैठता है। उसे आश्चर्यचकित इधर-उधर ताकते हुए, देख उसकी पत्नी ने पूछा, 'स्वामी जी... क्या देख रहे हो...?'

'भाग्यवान... मैं सोच रहा हूँ कि मैं कोई मनुष्य हूँ, जिसने अभी-अभी तितली का सपना देखा है या मैं कोई तितली हूँ जो अब इस वक़्त एक आदमी का सपना देख रही है...'

'बात तो सोचने वाली है...' केसर ने सोचा और थोड़ी देर के बाद फ़कीर से पूछा, साईं जी... हम सपने क्यों देखते हैं...?'

फ़कीर ने उत्तर दिया, 'पुत्तर... हमारे मन के दो हिस्से होते हैं, भीतरी और बाहरी... बाहर वाला मन हमारे दिमाग और सोच को चलाता है और यह मन का मात्र दसवाँ हिस्सा होता है... बाकी सारा भीतर वाला मन है जो हमारी जन्मों की स्मृतियों को संजोए बैठा है... भीतर वाला मन या तो नींद के दौरान खुलता है तो हम सपने देखने लगते हैं या यह ध्यान लगाने की साधना से खुलता है जैसे महात्मा बुद्ध का बारह सालों की तपस्या के उपरान्त खुला था... सपने हमारे भीतर वाले मन की ही कोई परत खोलते हैं...'

केसर फ़कीर की बातें सुनके हैरान भी था और समझने की कोशिश कर रहा था। उसे अब फ़कीर की समाधि पर सफ़ेद धारीदार माला का रहस्य थोड़ा-थोड़ा समझ में आने लगा था।

पीछे से आकर अधेड़ उम्र के दो आदमियों ने फ़कीर को अभिवादन किया। वे दोनों खूब प्रसन्नचित्त दिखाई दे रहे थे। फ़कीर ने पूछा कि वे लोग कहाँ जा रहे हैं तो उन्होंने बताया कि गत वर्ष उनके घर में चोरी हो गई थी, दो बेटियों का ब्याह साथ-साथ तय किया था और ब्याह से ठीक एक दिन पहले ही घर से सारा जेवर-लत्ता चोरी हो गया था। चोर हमारे साथ वाले गाँव का ही निकला जिसके ख़ेत गाँव के बसीमे के पास हमारे ख़ेतों के साथ पड़ते थे, उससे हमारा पुराना झगड़ा-बैर चलता रहता था - कभी पानी के कारण, कभी मेड़ों के कारण। वह पकड़ा गया।

...लेकिन ...चोरी हुए जेवर पुलिस को नहीं मिल पाए। अब उसने जेल में सजा भोगते हुए चिट्ठी लिखकर सूचित किया है कि उसने जेवर कहाँ दबाए हुए हैं। आज हम वही जेवर लेने जा रहे हैं।

'क्या आपको विश्वास है कि आपका वह दुश्मन चोर आपको सच बता रहा है...?' फ़कीर ने उन्हें पूछा।

फ़कीर का प्रश्न सुनते वे दोनों संशय में पड़ गए। फ़कीर ने उन्हें एक कहानी सुनानी प्रारम्भ की, 'पुरानी बात है... एक गाँव में एक शरारती और निकम्मा किस्म का आदमी रहता था... उसका वास्तविक नाम तो कोई जानता नहीं था... लेकिन... सभी उसे बिगड़ैल ही पुकारते थे,क्योंकि वह दिन भर लोगों को तंग करने की युक्तियाँ ही भिड़ाता रहता था। कभी किसी की भैंस खोल दी, कभी किसी की बकरी का दूध दूह लिया, कभी किसी के 'कुप्प' को आग लगा दी और कभी किसी बुजुर्ग का खूंड या चश्मा उठा लाना... कहने का अभिप्राय यह कि सारा गाँव उसके कारनामों से परेशान था...'

'बिगड़ैल' एक बार बीमार हो गया। कोई दवा-दारु काम नहीं आया। जब वह मरने की कगार पर था तो उसने गाँव के बुज़ुर्गों को अपनी अन्तिम इच्छाओं की पूर्ति हेतु प्रार्थना की। उसने कहा कि एक तो मेरे मरने के उपरान्त मेरे माथे पर एक लोहे की कील गाढ़ देना ताकि मैं अपनी गलतियों का पश्चाताप कर सकूँ। दूसरा यह कि मेरे अंतिम संस्कार के वक़्त इलाके के कोतवाल को ज़रूर बुलाना, क्योंकि मुझे जीवित रहते हुए कभी इज्ज़त प्राप्त नहीं हुई, मरने के उपरान्त ही सही।

कुछ दिनों के बाद बिगड़ैल की मृत्यु हो गई। मरने वाले आदमी की अंतिम इच्छाओं को पूरा करना अपना धर्म समझते हुए, गाँव वालों ने उसकी मुर्दा देह के माथे पर कील गाढ़ दी। इलाके का कोतवाल भी गाँव वालों के बुलावे पर पहुँच गया। जब कोतवाल ने बिगड़ैल के माथे पर कील गढ़ी देखी तो उसने तुरन्त पुलिस का बुला

लिया। अब पूरा गाँव जेल की सलाखों के पीछे था और लोग सोचने लगे कि 'बिगड़ैल' मरते-मरते भी एक और खुराफ़ात कर गया था।

फ़कीर की बात सुनके दोनों राहगीर ठठा कर हंसे। जब उनकी हंसी रुकी तो फ़कीर ने गम्भीर मुद्रा में कहा, 'जिस आदमी ने अपना विश्वास खो दिया हो, उसकी बातों पर यकीन करने से पहले सौ बार सोचिए...'

दोनों राहगीर आपस में मशविरा करते-करते वहीं बैठ गए। केसर और फ़कीर आगे चल दिए।

❖ ❖ ❖

दिन चौदहवाँ

सफलता के पेड़ को यौवन पर आने के लिए भरीपूरी धूप, जुनून का पानी और सूझबूझ के सहारे की ज़रूरत होती है...

(जीत की सीढ़ी की शुरूआत पराजय के सफ़र से होती है)
(पीड़ा से प्राप्ति तक का सफ़र, सिर्फ़ पाँवों को स्मरण रहता है)

एक छोटे से कस्बे के बाहर हिन्दी में लिखा 'संगरिया' शब्द पढ़ कर, केसर को लगा कि पंजाब की सीमा समाप्त हो गई है।

आज रास्ते में सवेरे से ही खूब रौनक थी। लोग पैदल, बैल गाड़ियों और ऊँटों पर सवार हुए साथ वाले शहर की तरफ़ जा रहे थे। शहर के बाहर एक आदमी रास्ते के किनारे चादर बिछाए हुए बैठा था। उसने अपने इर्द-गिर्द लाल जिल्द वाली पत्रियाँ रखी हुई थीं।

केसर उस आदमी के इर्द-गिर्द इकट्ठे हुए लोगों के जमावड़े को देख रुक गया। पत्रियाँ वाला आदमी किसी के हाथ की रेखाएं बाँच रहा था। दो-तीन जने उसके सामने विराजमान थे और बाकी उसके इर्द-गिर्द खड़े थे। शायद वे अपनी बारी की प्रतीक्षा कर रहे थे।

फ़कीर ने मुस्कुराते हुए केसर को चलने का संकेत किया। केसर लगभग भागते हुए फ़कीर के साथ हो लिया, साईं जी... आप हाथों की लकीरों में यकीन करते हैं... ?' केसर ने फ़कीर से किस्मत के बारे में प्रश्न किया।

'जवान... किस्मत तो उन लोगों की भी होती है जिनके हाथ नहीं होते... लेकिन... किस्मत हमेशा परिश्रम करने वाले का ही साथ देती है। गतिवान पाँवों का हर मोड़ पर किस्मत से सामना हो ही जाता है...' फ़कीर ने समझाया।

किस्मत लकीरों में नहीं, हाथों की हरकत में है।
शोहरत कोशिश में नहीं, हाथों की बरकत में है।

फ़कीर ने बात को जारी रखते हुए कहा, 'एक पुरानी कथा है कि शिव और पार्वती एक बार देव लोक में बैठे नीचे धरती के लोगों को निहार रहे थे। पार्वती का ध्यान अपने घर को लौट रहे एक भिखारी पर पड़ा, जिसके ख़ाली कटोरे से ज़ाहिर था कि आज उसे कोई ख़ैरात नहीं मिली। पार्वती को बहुत दया आई। उसने शिवजी को उस भिखारी को कुछ सोना देने का आग्रह किया ताकि उसकी दरिद्रता ख़त्म हो जाए।

शिवजी ने कहा, 'इस भिखारी की किस्मत में तो सोना है ही नहीं... यह अभी मेरी रहमतों के काबिल नहीं हुआ...' लेकिन...पार्वती के ज़्यादा आग्रह पर उसने सोने की एक थैली भिखारी के रास्ते में फेंक दी।

भूखा और बदहवास भिखारी नज़रें झुकाए हुए अपनी धुन में चला जा रहा था, उसे रास्ते में पड़ा कुछ दिखाई दिया। भिखारी उस सोने की थैली को पाँव से रास्ते की एक ख़ाई में फेंकते हुए बोला, 'लोग भी जाने कितने मूर्ख हैं... किसी ने भी पूरा दिन भर इस पत्थर को रास्ते से नहीं हटाया...'

फ़कीर ने खुले आकाश की तरफ़ देखते हुए कहा, 'परमात्मा देता भी उसी को है, जो उसकी रहमतों को प्राप्त करने के काबिल होता है...' सूरज के छुपते ही धीरे-धीरे हवा चलनी शुरू हो गई थी। इस इलाके में दिन गरम और रातें ठण्डी हो जाती हैं।

आज रात का ठिकाना, फ़कीर और केसर ने पीपल के एक दरख़्त के नीचे वाले चबूतरे पर बना लिया था। शाम के वक़्त दरख़्त के नीचे लेटे हुए केसर, पीपल के दरख़्त पर बने एक घोंसले को निहारने लगा। एक परिन्दा अपने नवजात बच्चों के मुँह में लाया हुआ चुग्गा डाल रहा था। नवजात बच्चों ने खूब चीख़-चिहाड़ा मचाया हुआ था।

ममता के इस दृश्य को देख के केसर को अपनी माँ स्मरण हो आई थी। उसे अपनी माँ की यातनाओं से भरी ज़िन्दगी के बारे सोचते हुए, माँ की कहानी इस दुनिया की हर माँ की कहानी प्रतीत हुई।

माँ किसी की बेटी थी,
वह सारे घर की ख़ूबसूरत परी थी,
वह बहन बनी फिर अपने वीर की वह खेलती रही।
किकली कलीर की वह बाबुल की पगड़ी की लाज थी,

वह 'रब्ब' की तरह बाबुल का प्यार थी,
वह ब्याही गई, पति का मल्हार थी,
वह संभाले घर को, एक दिन ख़त्म हो गई,

वह मेरा पति तो मिला, फिर साँसों का लिबास, एक युग का ऐसे अवसान आ गया और... सभी जनों को रुला गया। माँ का स्मरण करते-करते केसर की गीली हुई आँखें नींद से बोझिल होने लगीं... लगभग आधी रात के वक़्त वह भयभीत हुआ-सा गहरी नींद में से उठ बैठा... यह कैसा सपना था। सपने में वह अपनी माँ की धधकती चिता के पास बैठा था। अंगीठी को उसने उड़ती खेह में तब्दील होते देखा फिर शीत राख़ बनते हुए देखा। राख़ को भभूती की तरह पीठ पर मलते हुए, वह जोगी हो गया और माँ के नाम की एक वेदना उसके भीतर सरसराने लगी।

केसर को स्मरण हो आया कि कैसे हर समय गुड़ की डली अपनी चुनरी से बान्धे रखती थी। जब भी वह खेलते-खेलते दौड़कर माँ की गोदी में आ गिरता तो वह गाँठ खोलकर गुड़ की डली तोड़ कर उसके मुँह में डाल देती।

सोचते हुए केसर का मुँह मिठास से लबालब भर गया। अब उसका मन फिर से सोने को ज़रा भी नहीं कर रहा था।

❖ ❖ ❖

दिन-पन्द्रहवाँ

यदि कुत्ते को वफ़ादार माना गया है तो लालची भी कहा गया है। यदि कोयल की आवाज़ की सराहना हुई है तो अपने अंडों को दूसरे घोंसलों में रखने के कारण उसकी बदनामी भी हुई है। यदि कौवे को सयाना माना गया है तो उसे बदसूरत भी कहा गया है। यदि पानी जीवन प्रदान करता है तो बाढ़ें मौत की वजह भी बनी हैं। इसी तरह कोई भी इन्सान ना तो संपूर्ण देवता ही होता है और ना ही संपूर्ण शैतान... इन्सान तो बस इन्सान ही होता है।

(बुझे हुए चिराग़ों को भी चिराग़ ही कहा जाता है)

सूरज अभी निकला नहीं था। पौ फूटने का संकेत दुनिया को जाग जाने की तान लगा रहा था। केसर ने उठते ही दूर-दूर तक ऊँचे-नीचे, बड़े-छोटे रेत के टीलों पर नज़र दौड़ाई। उसे ये टीले समन्दर की लहरों से प्रतीत हुए। केसर ने समन्दर को कभी देखा तक नहीं था... लेकिन ...क़िताबों में समन्दर की तस्वीरें ज़रूर देखी थीं।

सामान समेटते हुए दोनों अभी थोड़ी दूर ही गए थे कि केसर ने सूरज की तरफ़ चेहरा किए हुए, एक टाँग के बल खड़े एक साधु को देखा। उसने फ़कीर से उस साधु को इस तरह खड़े होने का कारण पूछा तो फ़कीर ने बताया, 'कई लोगों को विश्वास होता है कि शरीर को यातना देकर ही अगले जन्म में सुख प्राप्त होते हैं... लेकिन... पुत्तर... सुख तो मन का खेल है शरीर का नहीं...'

...और फ़कीर ने कथा सुनानी आरम्भ की, 'एक बार एक बौद्ध भिक्षु अपने शिष्य के साथ समन्दर के किनारे खड़ा था। आँधी बहुत तीव्रता से चल रही थी। समन्दर में तूफ़ान आया हुआ था। उसने शिष्य से पूछा, 'समन्दर में तुम्हें क्या दिखाई दे रहा है...?'

'छोटी-छोटी लहरें... सायं-सायं करते हुए समन्दर को देख भय लग रहा है...' शिष्य ने उत्तर दिया।

'क्या तू समन्दर के भीतर उतर सकता है...?' भिक्षु ने पूछा।

'इस तरह के तूफ़ान में समन्दर के भीतर जाने का ख़तरा तो मैं कभी न मोल लूँ...' शिष्य ने ना कहते हुए सिर को हिलाया।

'तुम्हें मालूम है कि समन्दर में यह तूफ़ान कैसे आया है...?' भिक्षु ने पूछा।

'आँधी चलने के कारण... जब तक आँधी चलती रहेगी... समन्दर शान्त नहीं होगा...' शिष्य ने कहा।

'हमारा मन भी एक समन्दर सरीख़ा है, जिसमें ख़्यालों की आँधी सदा ही चलती रहती है... जब तक हम अपनी सोच को वश में नहीं करते। ...हमारा मन कभी शान्त नहीं हो सकता और अशान्त मन कभी सुखी नहीं हो सकता। बस यही है ज़िन्दगी के सुख-दुःख की हक़ीकत...' भिक्षु ने बताया।

'महाराज... मैं ख़्यालों के लगातार चल रहे बवंडर को कैसे वश में कर सकता हूँ...? यह तो रात-दिन कभी न ख़त्म ना होने वाला सिलसिला प्रतीत होता है... कोई समाधान बताइए...' शिष्य ने पूछा।

'किसी एक चीज़ में ध्यान एकाग्र करने से ही ख़्यालों की गिनती को कम किया जा सकता है... यही भक्ति है... यही साधना है और यही योग है...' भिक्षु ने समझाया।

'यहाँ बैठ कर थोड़ी देर अपना ध्यान समन्दर की लहरों पर एकाग्र करो... धीरे-धीरे जब तुम्हें लहरों की आवाज़ के बिना और सब कुछ सुनाई देना बंद हो जाए... तो तुम्हारी सोच देखना कम होते-होते एकदम बंद हो जाएगी... फिर मन ख़ाली हो जाएगा और शरीर हवा की तरह हल्का...' हो जाएगा।

भिक्षु ने शिष्य को समाधि लगाने का ढंग बताते हुए कहा।

फ़कीर ने बात ख़त्म करके पानी वाली मशक केसर को पकड़ा दी और पोटली में से गुड़ की छोटी-सी डली निकाल के उसे दी।

साईं जी... स्वर्ग-नरक होता भी या ऐसे ही ख़ौफ़ ही बना हुआ है...?' केसर ने प्रश्न ऐसे पूछा जैसे उसका उत्तर वह पहले ही से जानता हो, फ़कीर ने बताना आरम्भ किया, 'एक बार एक राजा स्वर्ग और नरक के बारे जानकारी प्राप्त करने को एक साधु से पूछता है कि स्वर्ग-नरक आख़िर है क्या...?' साधु ने राजा को सिर से पाँवों तक देखते हुए कहा, 'तुम्हें राजा किसने बना दिया...?' सूरत से तो तुम भिखारी लगते हो...'

राजा ने गुस्साते हुए तलवार निकाल ली।

'कभी इसे चलाया भी है...?' साधु ने कहा।

जब राजा प्रहार करने लगा तो साधु ने कहा, 'बस... मन को वश में ना रखना, यही नरक है...' राजा थोड़ा शर्मसार हुआ और उसने शान्त होकर तलवार को म्यान में डाल लिया।

'मन को वश में रखना... यही तो स्वर्ग है...' साधु ने कहा।

फ़कीर ने कुछ देर चुप्पी के बाद केसर की तरफ़ देखते हुए कहा, 'सुख या दुःख, इन्सान की अपनी सोच तय करती है... जिसकी सोच बेलगाम है, वह झोंपड़ी में रहते हुए भी बादशाह है...'

'दसवें पातशाह का अपने परिवार से बिछड़ने के बाद माछीवाड़े के जंगलों में पत्थर का सिरहाना बनाके सो जाना और अकेले रह जाने के उपरान्त भी मुल्क के बादशाह को जफरनामे जैसी चिट्ठी लिखना, आज़ाद मन की बुलन्द सोच का प्रमाण है...' बताते हुए एकाएक फ़कीर के हाथ जुड़ गए।

आज दोपहर से ही बादल घुमड़ रहे थे। फ़कीर के कथनानुसार इस इलाके में बारिश कम ही होती हैं... लेकिन... फिर भी दोनों ने अहतयात में यहीं रुकने का निर्णय लिया।

वे जिस पेड़ के नीचे रुके थे, उसकी जड़ें ज़मीन से ऊपर की ओर उठी हुई थीं। शायद रोज-रोज चलने वाली आँधी पेड़ की मिट्टी को उड़ा ले गई थी। केसर ने प्रथम बार किसी हरे-भरे दरख़्त की जड़ों को ज़मीन से ऊपर की ओर उठे हुए देखा था।

साथ ही खण्डहर में तब्दील हुआ, एक पुराना मन्दिर था, जिसका मात्र एक ही बरामदा बचा रहा था। तीनों तरफ़ की दीवारें और थोड़ी-सी बची-खुची छत केसर और फ़कीर के ठहरने के लिए पर्याप्त थी।

बूँदाबाँदी शुरू हो गई थी। कुछ देर ही बूँदाबाँदी हुई और रुक गई। ठण्डी हवा चलने लगी। हवा बादलों से अठखेलियाँ कर रही थी। बादलों ने सूरज को छुपा लिया था। दीवार के साथ सट कर बैठा केसर आँखें मूँदे हुए अपने गाँव में विचरने लगा था।

केसर को जीती की याद आ रही थी और साथ ही उसे उसकी गली में रोज तीन-चार बार आने-जाने का सिलसिला स्मरण होने लगा था। उदासी का एक झोंका अठखेलियाँ करते हुए हवा में घुल-रच गया।

केसर को वह दिन स्मरण हो आया... जब एक बार अपने ननिहाल जाती हुई जीती को उसने कहा था, 'कोई निशानी ही दे जा मुई... जिसे देखके तुम्हें याद कर लिया करूँगा।

जीती ने प्रत्युत्तर में कहा, 'कौन-सी निशानी... ?'

'कोई रूमाल ही दे दो...' केसर ने शरारती लहज़े में कहा था।

'मेरे पास कोई रूमाल-छुमाल नहीं है...' जीती ने भोलेपन से कहा और अपनी चुनरी का कोना फाड़ के उसे थमा दिया था। केसर ने आज तक भी चुनरी की वो कतरन संभाल के रखी हुई थी। 'काश...! उसे मैं अपने साथ ही ले आया होता...' और... केसर के भीतर उठी कंपकंपी युक्त आह उदास हवा के झोंकों में अटक कर रह गई।

❖ ❖ ❖

दिन–सोलहवाँ

कायनात का निज़ाम कोयल को गाने से नहीं रोक सकता...

(आकाश से गिरता हुआ पंख, ज़मीन पर सदा नृत्य की मुद्रा में ही गिरता है)

केसर और फ़कीर आज पौ-फूटते ही सफ़र पर रवाना हो गए थे। अभी दिन पूर्णतया उगा नहीं था कि पीछे से तेज़ क़दमों से चलते हुए एक आदमी उनके करीब आ गया।

'सुबह-सुबह ही इतनी भागदौड़ किस लिए है... रब्ब के बंदे... ?'

'बेटी का ब्याह तय किया है, साधु महाराज... ! साथ वाले गाँव में रहते अपने किसी जान-पहचान वाले से, पैसे उधार लेने जा रहा हूँ...' उसने तीव्रता से उत्तर दिया।

'रब्ब के बंदे... मेरी एक बात सुन ले, मन चाहे तो मान लेना, वरना तेरी मर्ज़ी... सयानों ने कहा है कि मांगना अपने इख़लाक़ की मौत के बराबर है...और... कर्ज़ लेना गुलामी की शुरूआत... ब्याह चाहे तो सादे ढंग से कर ले...लेकिन... कर्ज़ न लेना कभी और उधार लेना तो यारी-दोस्ती में भी दरार डाल देता है...' फ़कीर ने रुकते हुए उसे समझाया।

वह आदमी फ़कीर की दलील सुनके वहीं रुक गया। कुछ क़दम आगे चलकर, फ़कीर ने उस शख़्स को कहा, 'अगर कभी तेरे पास कोई भी कर्ज़ या उधार माँगने आए तो जितनी चाहे उसकी सहायता कर देना... लेकिन...कभी ब्याज लेकर पैसा या उधार मत देना...'

'वो क्यों साधु महाराज... ?' उस शख़्स ने पूछा।

'एहसान का बोझ नफ़रत के बीजों को जन्म देता है...तू अपनी दी हुई रकम और दोस्त दोनों को ही खो लेगा...' फ़कीर ने कहा और आगे चल दिया। थोड़ी देर बाद केसर ने पीछे मुड़ कर देखा, वह शख़्स धीरे-धीरे वापस लौट रहा था।

केसर और फ़कीर अभी थोड़ी दूर ही पहुँचे थे कि उन्हें दो आदमी आपस में झगड़ते हुए दिखाई दिए। फ़कीर के पूछने पर एक जना बोला, 'मैं एक दुकानदार हूँ... मैं इस किसान को हर हफ़्ते एक किलो दाल बेचा करता था, जिसके एवज में वह मुझे एक किलो माखन देता था... कई महीने यह सिलसिला ऐसे ही चलता रहा, लेकिन कल मैंने माखन को तौल के देखा तो वो किलो से काफी कम था... मुझे लगता है कि वह मुझे हर हफ़्ते थोड़ा कम ही माखन देता रहा है...'

'मैं तो हमेशा इसे माखन वज़न करके ही देता रहा हूँ...' किसान ने कहा। फ़कीर ने उसे पूछा, 'तू माखन का वज़न करता कैसे है...?'

'इसकी दी हुई किलो दाल के तौल के बराबर...' किसान ने कहा।

फ़कीर ने दोनों को अपने पास बुला के कहा, 'जैसे बर्ताव की हम दूसरों से उम्मीद करते हैं तो, हमें भी दूसरों के साथ उसी तरह का ही बर्ताव करना चाहिए...'

वे दोनों फ़कीर की बात समझते हुए अपनी राह पर निकल गए।

केसर और फ़कीर घने रेरू के छायादार दरख़्त को देखते ही ठिठक गए। गरमी का प्रकोप बढ़ने लगा था। हवा भी बंद थी और रेगिस्तान चुप्पी ओढ़े हुए था। कोई परिन्दा तक दिखाई नहीं दे रहा था। छाँव तले लेटे हुए केसर रात वाले सपने के बारे में सोचने लगा था। रात को उसने बेबे को देखा था। उसका उदास दिल रेगिस्तान की उदास चुप्पी में और भी उदास हो गया था।

उसके देखते-ही-देखते बेबे और भी बूढ़ी हो गई थी। जब वह छोटा था, तो गाँव में कोई भी ब्याह-शादी बेबे के बिना सम्पूर्ण नहीं होती थी। वह बहुत खूबसूरत गाती थी। कितनी ही घोड़ियाँ, सिठनियाँ और बोलियाँ बेबे को ज़बानी याद थीं। बापू के जाने के बाद, उसने ब्याह-शादियों पर जाना ही छोड़ दिया था। अब तो वह पुरानी स्मृतियों को याद करके ही अपना दिल हल्का कर लेती थी।

'जब मैं नई-नई ब्याही हुई आई थी तो मेरे 'बुर्जियों वाले लौंग' की चर्चा सारे गाँव में हुई थी...' बेबे बड़े फ़ख़्र के साथ बतातीं।

केसर हर छोटी-बड़ी बात बेबे से अक़्सर साझा करता। बेबे के कन्धों पर सिर रखे हुए वह सब कुछ भूल जाता। बेबे अपने 'अट्टनों' वाले हाथों से उसके सिर को पलोसती रहती। बेबे की दुनिया भी केसर से शुरू होकर केसर पर ही ख़त्म हो जाती थी। कितनी बार वह रात को बेबे की बातें सुनते-सुनते ही सो जाता और बेबे उठके कभी उसे पंखा झुलाती तो कभी उसकी चादर की सिलवटें ठीक करती। बेबे का झुर्रियों वाला चेहरा और ठुड्डी पर खुदवाया तिल केसर को बहुत खूबसूरत लगता था। दूध बिलौती बेबे की पीठ का सहारा लेते हुए वह गुलेल से चिड़ियों-कौवों पर निशाना साधता रहा। हर रोज सवेरे, मथानी का संगीतमय स्वर बेबे के पाठ करने के स्वर में घुलकर सुकून की फुहार से सराबोर कर देता।

बापू के पूर्वज दरिया के दूसरी ओर से लुटे-पुटे हुए आए थे। इसलिए केसर के कुनबे को आसपास कहीं कोई भी रिश्तेदारियाँ नहीं थीं। सिर्फ़ एक ननिहाल वाला गाँव की नज़दीक था, जहाँ वह बचपन में जाने के बाद इतनी जल्दी वापस आने का नाम ही नहीं लेता था। केसर को गाँव के बाहर ननिहाल वाला घर, आमों के बाग, संकरी-सी गलियाँ और गाँव के बीचों-बीच बना कुआँ सभी स्मरण थे। ननिहाल वाले गाँव के हर घर में एक जामुन का दरख़्त ज़रूर होता था। हर ख़ेत में भी एक-एक या दो-दो आमों के पेड़ ज़रूर होते थे। गर्मियों में आमों के मौसम में हर घर का एक

कमरा आमों की टोकरियों से भरा रहता। हर रोज दोपहर और शाम के वक़्त के खाने के साथ, आमों के रस में नमक और पिसी हुई काली मिर्च डाल के तैयार की हुई 'मलांजी' ज़रूर मिलती। आम चूस के दोपहर को आती हुई गहरी नींद का स्मरण करते ही केसर की आँखें आज दिन को ही बोझिल होने लगी थीं।

...और माँ को स्मरण करते ही केसर को लगा, जैसे टीलों की ओर से चल रही हवा उसे लोरी सुना रही हो... केसर की आँखें धीरे-धीरे मुंदने लगी थीं।

❖ ❖ ❖

दिन-सतारहवाँ

ज़िन्दगी में अतीत कड़वी स्मृतियों को छाँट के अलग कर देता है और केवल मृदुल स्मृतियों को सहेज लेता है। इसीलिए लोग बचपन और अतीत को बहुत ही प्यार से स्मरण करते हैं।

(समय के रंग, स्मृतियों की परछाइयों को भी रंगीन बना देते हैं)

चले आ रहे केसर और फ़कीर को देख आठ-नौ साल के लगभग एक बच्चे ने रुककर फ़कीर को अभिवादन किया। वह बकरियाँ चराने ख़ेतों की तरफ़ जा रहा था।

'पुत्तर... तू स्कूल नहीं जाता...? तेर उम्र तो अभी पढ़ने-लिखने की है...' फ़कीर ने उस चरवाहे बच्चे से प्रश्न किया।

'नहीं महाराज... मैं कभी स्कूल नहीं गया... मुझे भी वही काम करना पड़ेगा, जो मेरे बाप-दादा ने अभी तक किया है...' चरवाहे बच्चे ने उत्तर दिया।

'हालात के साथ समझौता करना भी कभी-कभार अक्लमंदी होती है... लेकिन... अगर हिम्मत हो तो मौके मिल ही जाते हैं...' उस पेड़ की तरफ़ देख फ़कीर ने 'करीर' के एक पेड़ की तरफ़ संकेत करते हुए कहा।

केसर और चरवाहे बच्चे ने घूम के उस पेड़ की तरफ़ देखा। करीर के पेड़ पर लगे छोटे-छोटे केसरिया फूल केसर को बहुत ख़ूबसूरत लगे।

फ़कीर ने फिर बात जारी रखते हुए कहा, 'यह करीर का पेड़ वहीं पनपता है, जहाँ पानी बहुत कम होता है... इसकी निगरानी भी कोई नहीं करता... इस पर पत्ते भी नहीं आते... फिर भी यह पेड़ अपने गुणों के कारण से ख़ूब जाना जाता है... इसके 'डेलों' का लोग अचार बनाते हैं और इसकी लकड़ी से बेलन और अन्य सामान तैयार होता है...'

फ़कीर ने चरवाहे बच्चे के सिर पर हाथ रखते हुए कहा, 'अगर तू मेहनत करता रहेगा तो एक दिन परमात्मा तेरे सपने अवश्य ही पूरे करेगा...'

आशीर्वाद प्राप्त करके बच्चे ने फ़कीर को अभिवादन किया और बकरियों को हाँकते हुए आगे निकल गया। दोपहर अपने यौवन पर थी। एक सायेदार पेड़ को देखके वे दोनों वहीं रुक गए।

साईं जी... मैंने सुना है कि फ़कीर अन्तर्यामी होते हैं, क्या आप जान जाते हैं कि कल को क्या घटने वाला है...?' केसर ने फ़कीर के दपदपाते हुए माथे को देखते हुए पूछा।

'पुत्तर... हमने क्या लेना है... आने वाले कल के बारे में जानकर...? हम अगर अपने 'आज' को संवार लें तो 'कल' अपने-आप संवर जाएगा...आज के गर्भ में ही आने वाला 'कल' पनप रहा है... भगवान ने तो सृष्टि का निर्माण बहुत सरलता और सुन्दरता से किया है... लेकिन... हम इसे जटिल बना देते हैं...ज्यों-ज्यों कोई इन्सान, सृष्टि की बनावटी परतों को उधेड़ कर अपने मन की सत्ता को महसूस करने लग पड़ता है तो प्रकृति के विधान को भी समझने लगता है... इस इसे ही भविष्य द्दष्टा कहते हैं...' फ़कीर ने कहा।

फ़कीर ने बात सुनानी शुरू की, 'दक्षिण भारत में रहते एक साधु को अनंत और कष्टप्रद साधना के उपरान्त भविष्य को बाँचने का वरदान मिल गया...दुःखी और उत्सुक लोग प्रतिदिन रोजाना वहाँ आने लगे... उसकी प्रसिद्धि की चर्चा चहूँओर होने लगी... यह क्रम कई सालों तक चलता रहा...जब साधु उम्र की ढलान पर आया तो उसे अपना ही भविष्य जानने की उत्सुकता हुई... साधु ने समाधि में ध्यान लगाया तो देखा कि उसे अगले जन्म में सूअर की योनि प्राप्त हुई है और वह गंदे कीचड़ में मुँह मार रहा है... साधु चिन्ता ग्रस्त हो गया... वह सोचने लगा कि अपना भविष्य जान कर क्या मिला उसे...अब मैं कुछ भी करने के क़ाबिल नहीं रहा... देर तक सोचने के बाद उसने अपने एक सेवक को बुलाया और सारा वृतान्त सुनाया और समझाया कि तू मेरी मृत्यु के बाद मुझे सूअर की योनि में पड़ा पाए तो झट से मार देना, क्योंकि मैं गंदगी में रहते हुए जीना नहीं चाहता...'

'लेकिन मैं आपको पहचानूँगा कैसे...?' सेवक ने पूछा।

'यह मेरे माथे पर जो निशान है ना... यह अगली योनि में भी ऐसे ही दिखेगा...' साधु ने बताया।

कुछ समय बाद उस साधु की मृत्यु हो गई। सेवक ने अपने वादे के अनुसार माथे पर निशान वाले सूअर को तलाशना आरम्भ किया। आख़िर वह साधु, सूअर की योनि में विचरता हुआ मिल ही गया। जब वह उसे मारने लगा तो सूअर बोला, 'रुको... मैं ही तुम्हारा गुरू हूँ...

लेकिन... अब मैं मरना नहीं चाहता...सूअर बन कर मैं बहुत प्रसन्न हूँ... सारा दिन जो दिल कर खाओ, जहाँ दिल चाहा लिथड़ लिया... जब दिल चाहा सो लिया...' इतना कहते वह सूअरों के झुण्ड में जा मिला। सेवक आश्चर्यचकित था... और... प्रसन्न भी।

कहानी समाप्त हुई तो दोनों बहुत देर तक ठठाते रहे।

फ़कीर ने अपनी बात जारी रखी, 'यह क्षण जिसमें हम साँस ले रहे हैं...यही तो ज़िन्दगी है... अतीत पश्चाताप युक्त होता है और आने वाला कल चिन्ता युक्त... रब्ब ने हर इन्सान को कोई न कोई 'मकसद' देकर भेजा है... ज़िन्दगी की इस मकसद की पूर्ति में ही सफ़लता है... हमें रोजाना प्रार्थना करनी चाहिए... हे परमात्मा... ! जो कुछ भी मेरे सामर्थ्य में है, उसे करने की शक्ति मुझे प्रदान करना... अगर नहीं हो सके तो उसकी रज़ा समझते हुए स्वीकार करने की नम्रता और इन दोनों में अन्तर परखने की ताक़त प्रदान करना... मेरे मालिक !'

रोज की तरह ही सूरज के अस्त होते ही गरम रेत ठण्डी होने लगी। सपाट-सी जगह देखके दोनों ने रात भर रुकने हेतु अपना सामान रख दिया। ठण्ड बढ़ने लगी थी। केसर ने लकड़ियाँ इकट्ठी करके धूनी सुलगा दी थी।

जलती हुई लकड़ी को पलटते हुए केसर की दाएं हाथ के अंगुलियाँ आग की लपटों से स्पर्श हो गईं। उसने झट से अपने पोरों को मुँह में डाल लिया। थोड़ी राहत महसूस हुई तो उसे घटना का स्मरण हो आया, जब जीती ने उसे हवेली की दीवार से 'कड़े वाला गिलास' पकड़ाते हुए कहा था, 'ले यह ठण्डी लस्सी पी ले...' गिलास में गरम-गरम चाय थी। हाथ लगाते ही उसने झुलसे हुए पोरों को झट से अपने मुँह में डाल लिया था तो जीती खिलखिला के हंसने लगी थी। जीती को ठठाते हुए देख उसे अपना दर्द भूल गया था।

...यह सोचते हुए केसर को आज भी अपने झुलसे हुए पोरों की कराहट भूल गई...

धूनी धधकते हुए दहक रही थी... चलती हुई हवा ने आग से पूछा -

किन फक्कड़ लोगों ने यह धूनी सुलगा रखी है,
स्मृतियाँ चिंगारियों की तरह उड़ने लगी हैं।

❖ ❖ ❖

दिन-अठारहवाँ

ना तो क़लम शक्तिशाली है और ना ही तलवार...शक्तिशाली तो वो हाथ हैं जो यह जानता है कि कब किस का उपयोग करना है।

(धधकते सूरज ने कहा, 'मेरे जैसा कोई है...?')
(एक अदने से चिराग ने कहा, 'शाम घिरने पर देखा जाएगा...')

सुबह से चले हुए आधा दिन गुज़र चुका था... लेकिन... अभी तक कोई गाँव या आबादी नहीं दिखाई दी थी... केसर इसी उधेड़बुन में था कि ज्यों-ज्यों वे बीकानेर की ओर बढ़ रहे हैं... गाँव दूर-दूर और छोटे-छोटे से दिखते जा रहे हैं...

दोपहर से ही एक अधेड़ उम्र का आदमी अपने कुत्ते के साथ फ़कीर और केसर के पीछे-पीछे चल रहा था। सिलवटों वाली पगड़ी और घुमावदार मूँछों के कारण वह इसी इलाके का बाशिंदा प्रतीत हो रहा था। साथ चलते हुए उसने इस इलाके के बारे में अनेक जानकारियाँ साझी कीं। केसर का ध्यान ज़्यादातर कुत्ते की तरफ़ ही था।

फ़कीर ने अपने डण्डे से रास्ते में पड़े एक पत्थर को सरकाया और सामने दिख रहे एक दरख़्तों के झुण्ड की तरफ़ संकेत करते हुए केसर से कहा, 'यह स्थान बहुत मनोहारी लग रहा है, आज यहीं विश्राम करेंगे...'

कुत्ते वाला राहगीर झट से बोला, 'यह क्या कह रहे हो आप...? यहाँ से तो लोग दिन के वक़्त भी डरे-सहमे से गुज़रते हैं और आप यहाँ रातभर ठहरने की बात कर रहे हो...? सुनते हैं... इन दरख़्तों के झुण्ड में भूत-प्रेतों का बसेरा है... इन दरख़्तों के झुण्ड के साथ पड़ते ख़ेतों में तो यहाँ के लोग कभी फ़सल तक नहीं उगाते...' उसने उन दरख़्तों के झुण्ड की तरफ़ देखते हुए कहा।

फ़कीर ने मुस्कुराते हुए कहा, 'फिर तो रात यहाँ बहुत बढ़िया निकलेगी...' यह सुनते ही राहगीर ने फ़कीर की तरफ़ ऐसे देखा जैसे विश्वास ना आया हो, उसे और वह तीव्रता से आगे निकल गया।

फ़कीर और केसर दरख़्तो के झुण्ड के पास पहुँच गए। फ़कीर ने एक बढ़िया, ऊँची और साफ़-सुथरी जगह देखके सामान रख दिया। थोड़ी देर बैठने के बाद दोनों ने पास से कुछ सूखी लकड़ियाँ इकट्ठी कीं और आग जला दी। अंधेरा पसरने लगा था और कोहरा भी उतरने लगा था। जानवरों की आवाज़ें आनी भी शुरू हो गई थीं। केसर थोड़ा डरने लगा था।

केसर ने दरख़्तों के झुण्ड को आत्मविश्वास से देखते हुए फ़कीर से पूछा, 'मुझे तो उस शख़्स की भूत-प्रेत वाली बातें सुनके डर लग रहा है...हमें आज रात भर यहाँ नहीं रुकना चाहिए था...'

फ़कीर ने आग में जलती हुई लकड़ियों को ठीक करते हुए, केसर की तरफ़ देखते हुए उत्तर दिया, 'जवान... अगर आज हम इधर से आगे निकल जाते तो दन दरख़्तों के झुण्ड का ख़ौफ़ हमारे दिलों में हमेशा के लिए बना रहना था... भय आदमी को कमज़ोर बना देता है... भयभीत आदमी सटीक फ़ैसले लेने में भी असमर्थ ही रहता है... भय का सामना करने से ही सफ़लता के रास्ते निकलते हैं...'

'एक पुरानी लोककथा है कि एक बार डर और प्लेग़ दोनों शहर की तरफ़ तेज़ी से चले आ रहे थे... किसी ने उन्हें जल्दबाज़ी का कारण पूछा तो प्लेग़ ने कहा, 'आज हमने शहर के लगभग सौ लोगों को मृत्युलोक में पहुँचाना है... इसलिए मैं जल्दी में हूँ...'

'सौ... ?' पूछने वाले ने चकित होते हुए प्लेग़ से पूछा, 'तू अकेली ही इतने लोगों को कैसे मार सकेगी... ?'

'मैंने तो बस पाँच-सात आदमियों को ही मारना है... प्लेग़ ने कहा...बाकी का काम तो 'डर' ने अपने आप ही निपटा देना है...'

केसर और फ़कीर दोनों ठठाने लगे। फ़कीर ने बात को आगे जारी रखा, 'ज़िन्दगी को अपनी मर्ज़ी के अनुसार जीने के लिए डर के सींगों पर हाथ डालना ही पड़ता है... भयभीत मन तो शरीर को अधमरी लाश में तब्दील कर देता है...'

एक बार एक राजा के सामने एक चोर को प्रस्तुत किया जाता है। राजा उस चोर को मौत का दण्ड सुनाते हुए कहता है कि तेरे सामने एक तरफ़ फाँसी का फंदा लटक रहा है और दूसरी तरफ़ एक विशाल दरवाज़ा है, जो बाहर जंगल की तरफ़ खुलता है। तुम्हारी मर्ज़ी है, जिधर दिल चाहे, चले जाओ...चोर क्षणिक सोचने के बाद फाँसी के फंदे की तरफ़ चल पड़ा। राजा ने चोर से प्रश्न किया कि तू दरवाज़ा खोलकर बाहर क्यों नहीं गया? तो चोर ने तुरन्त कहा... ना जाने बाहर जंगल में किस प्रकार की मौत होगी... फाँसी से तो कम से कम मृत्यु तो जल्दी आ जाएगी।

राजा ने उसकी तरफ़ रहम भरी नज़रों से देखते हुए कहा, 'दरवाज़े के बाहर एक खूबसूरत बाग है... लेकिन... हर व्यक्ति फाँसी के फंदे को ही तरजीह देता है... शायद दरवाज़े के बाहर की अनबूझ स्थिति के बारे सोच कर हर कोई डर जाता है... अगर तुझे यह डर ना होता तो निस्संदेह तूने आज बच जाना था...'

फ़कीर ने कहानी समाप्त करके लेटे हुए केसर को देखते हुए कहा, 'तू सो जा जवान... फ़िक्र नहीं करना... मैं जागता रहूँगा...'

आग धीमी, हवा तेज़ और शाम गहरी होती जा रही थी। केसर का ध्यान दरख़्त पर लटक रहे बया के उस घोंसले की तरफ़ हो गया, जिसे बया अपनी चोंच से बराबर और भी संवारने में रत था। चिड़ियाँ चहक रही थीं। चक्कीरा की टुक-टुक थोड़ी दूर रुक-रुक के फिर आरम्भ हो जाती। उल्लू सभी को चुपचाप निहार रहा था। कोयल की कू-कू ने वातावरण को संगीतमयी बनाया हुआ था।

केसर को अब डर नहीं लग रहा था।

❖ ❖ ❖

दिन-उन्नीसवाँ

अच्छी क़िताब और अच्छा अध्यापक वही है, जो पढ़ाने की बजाए हमें मनन करने की आदत डालता है...

(जानकारी को सयानापन समझने वालों का जुनून ही
उनके पाँवों की जंजीरें बन जाता है)

केसर की आँख खुल गई थी... लेकिन... वह अभी भी पसरा हुआ था। फ़कीर एक पुरानी पोथीनुमा क़िताब को बंद करके अपनी पोटली में डाल रहा था।

साईं जी... यह किताब कौन-सी है...?'

'शाह मोहम्मद का 'जंगनामा'...' फ़कीर ने अपना सामान समेटते हुए उत्तर दिया।

'पुत्तर... तू कौन-सी जमात तक पढ़ा है...?'

'आठवीं तक...' केसर ने कहा, 'गाँव वाला स्कूल आठवीं तक ही था...'

फ़कीर को तैयार हुए देख केसर भी जल्दी-जल्दी उठा। उसने आँखों को पानी के छीटों से धोकर सिर पर फिर तौलिया लपेटा और सामान समेटकर फ़कीर के पीछे-पीछे चल पड़ा।

आज का सफ़र बहुत सवेरे ही आरम्भ हो गया था। रास्ते में मिट्टी की छोटी-सी चारदीवारी से घिरा एक स्कूल दिखाई दिया जिसके प्रांगण में तीन-चार डेक के पेड़ उगे हुए थे। केसर ने दीवार के ऊपर से भीतर तक नज़र दौड़ाई। स्कूल ख़ाली था... आज रविवार होगा... केसर ने मन ही मन सोचा।

साईं जी... आप भी कभी स्कूल गए हो...?' केसर ने पूछा।

'हमारे आसपास वाले गाँवों में कोई स्कूल नहीं होता था... मैंने गाँव की धर्मशाला में ग्रंथी से गुरुमुखी और उर्दू की तालीम हासिल की थी... मुझे लिखना तो अब भी नहीं आता, लेकिन थोड़ा-बहुत पढ़ ज़रूर लेता हूँ...'

साईं जी... आप अक्सर ही पढ़ते रहते हो... आप तो हर चीज़ के ज्ञाता हैं... फिर भी पढ़ने की क्या ज़रूरत है...?' केसर को लगता था कि क़िताबें सिर्फ़ स्कूल की परीक्षाएं पास करने के लिए ही होती हैं।

फ़कीर ने समझाया, 'हमारे गुरुओं ने 'शब्द' को गुरु का दर्ज़ा दिया है... हमें क़िताबों का आदर करना चाहिए और पढ़ने की आदत डालनी चाहिए...क़िताबें जिस शख़्स की दोस्त होती हैं... वह कभी एकागी हो ही नहीं सकता...बस ज्ञान का कभी अहंकार नहीं करना चाहिए... सीखने का प्रयोजन स्वयं को सुधारना और दूसरों की सहायता करना होना चाहिए...'

'जब कभी समय मिले सिख इतिहास ज़रूर पढ़ना... यह हमारे ख़ून से सृजित इतिहास ही है कि आम सिख, जुल्म के विरूद्ध कर्तव्यनिष्ठ बन के खड़ा हो जाता है... इतिहास भी इस बात का चश्मदीद है... समय चाहे वो मुगलों का था या अब्दाली जैसे ज़ालिमों का, चाहे अंग्रेजों का और चाहे मौजूद समय का...' फ़कीर ने केसर को समझाने की प्रक्रिया में बताया, 'इतिहास तो किसी भी क़ौम की जड़ें होती हैं... जो इतिहास को पढ़ते नहीं वो इतिहास का निर्माण भी नहीं कर सकते...'

बेबे की सुनी हुई सिख इतिहास की साखियों को स्मरण करते हुए केसर को याद आया कि मस्सा रंगड़ का शीश लेकर दो सिंह सूरमे बीकानेर की तरफ़ गए थे, तो संभवतः वे भी इन्हीं राहों में से होकर गुज़रे होंगे, जहाँ अब वह और फ़कीर चलते जा रहे हैं।

ज़हन में ख़्याल आते ही घोड़ियों की पदचाप केसर के कानों में 'अनहद नाद' की तरह गूँजने लगीं। चाँद की चाँदनी में टीलों की भूरे रंग की रेत जैसे 'अकाल स्तुति' का राग अलापने लगी हो। नगाड़ों की भयावह थाप से जैसे हुक्मरान थर-थर काँपने लग गए हों और जयघोष के बुलन्द स्वरों ने मज़लूमों के ख़ून की गति को और भी बढ़ा दिया हो।

सूरज पूरी तरह से छुप चुका था। परिन्दे अपने घौंसलों की तरफ़ और कामगार लोग अपने घरों को लौट रहे थे। कुछ दूर मिट्टी के बने घर दृष्टि गोचर होने लगे थे। नज़दीक जाकर केसर को एक 'निशान साहब' दिखाई दिया। उसने फ़कीर का ध्यान 'निशान साहब' की ओर दिलाया और फ़कीर ने कहा, 'आज रात भर हम यहीं गुरुघर में ही ठहर जाते हैं...'

दरवाज़ा खुला ही था। भीतर 'रहरास साहब' का पाठ चल रहा था। दोनों ने शीश निवाते हुए पाठ श्रवण किया। 'अरदास' के बाद भाई साहब ने 'फ़तह' बुलाई

और रात गुज़ारने को एक कमरा खोल के दे दिया। वह स्वयं लंगर का प्रबन्ध करने चला गया। खाना गाँव से तैयार होकर गुरुद्वारा साहब में आता था।

लंगर खाने से पूर्व भाई जी ने अरदास की... 'जिह प्रसादि छतीह अमृत खाहि तिस ठाकुर कऊ रखु मन माहि...' लंगर खाने के बाद वे कमरे में लौट आए। भाई जी कमरे में दीया जला गए थे। दोनों ने दीये की मटमैली रोशनी में अपना सामान रख कर सोने की तैयारी कर ली।

'अमृत वेला' में पाठ करते हुए भाई जी की मधुर आवाज़ से केसर की आँख खुल गई। भाई साहब साहबज़ादों की शहादत का दर्दनाक वृतान्त अपने करूणामयी स्वर में सुना रहे थे। केसर ने छोटे साहबज़ादों और उनकी दादी माँ गुजरी की साखिओं को सर्दियों में रजाई की गरमाहट में बैठे बेबे से कितनी बार सुनी थीं।

भाई साहब के रूहानी स्वर से केसर दूर किसी अतीत के झरोखे में विचरने लगा था।

एक ईंट सरहद की बोलती हूँ, 'मैं अपने भरे हुए दिल को खंगालती हूँ...
युगों से देखे मैंने लोग रोते हुए, इतिहास के पन्नों को खोलती हूँ... ठण्डा बुर्ज
और ठण्डी चलती है हवा... न ही पौष की काली रात ख़त्म होती है, जो दादी की
गोदी में ही सो गई है... उन रूहों को मैं तलाशती हूँ...'

❖ ❖ ❖

दिन-बीसवाँ

अंहकार से कहा गया सच, कभी-कभार झूठ से भी ख़तरनाक होता है...

(अंहकार की परछाइयाँ जब कभी क़द से बड़ी हो जाएं तो समझ लीजिए कि कामयाबी का सूरज डूबने वाला है)

आज रास्ते में खूब रौनक थी। आसपास कहीं कोई मेला लगा था। रंग-बिरंगे लहंगे पहने युवतियाँ और चादरें बान्धे हुए फुलकारियों से सजे-धजे बड़े-बड़े पहियों वाले छकड़ों पर बैठ मेला देखने जा रहे थे। कहीं-कहीं परांदों से श्रृंगारे हुए ऊँट और घोड़ियाँ भी दिखाई दे रही थीं। किसी-किसी युवा के कन्धे पर सरसों के तेल से चुपड़ी चमचमाती दोनाली भी लटक रही थी। शीशों जड़ित घागरे वाली एक लड़की केसर को बहुत खूबसूरत लगी जिसने चाँदी का मोटा कड़ा पहना हुआ था और ठुड्डी पर चाँद-तारा गुदवाया हुआ था। उसका गोदना देख केसर को जीती की याद आ गई।

आँखों में काजल और गले में ताबीज़ पहने खूब गठीले 'डील-डौल' वाला नौजवान केसर और फ़कीर के साथ आ मिला। उसने अभिवादन से कहा, 'बड़े मेले वाली 'छिंज' में वह पहलवानी के लिए जा रहा है... पिछले तीन सालों से रूमाली मेरे हिस्से ही रही है... इस बार भी मैं ही जीतूँगा...'

'परमात्मा तुझे खुश रखे...' फ़कीर ने कहा और पहलवान आगे निकल गया।

साईं जी... आपने उसे जीत का आशीर्वाद क्यों नहीं दिया...?' केसर ने पूछा।

'कुछ प्राप्त करने के लिए अपने बर्तन को ख़ाली करना होता है...' फ़कीर ने बात जारी रखते हुए कहा, 'पुराने वक़्त की बात है... चीन का एक हकीम बहुत सयाना समझा जाता था... आसपास के राज्यों के लोग उसके पास इलाज करवाने आया करते थे... एक पड़ोसी राजा ने अपने राजवैद्य को उसके पास हिकमत सीखने के

लिए भिजवाया...जब राजवैद्य, चीनी हकीम के दवाखाने में पहुँचा तो वहाँ कई लोग दवाई लेने के लिए विराजमान थे... जब भी चीनी हकीम मरीजों को कुछ हिदायतें देने लगता तो अतिथि बीच में ही टोकते हुए अपने मश्विरे थमाने लगता... यह क्रम बहुत देर तक चलता रहा... चीनी हकीम ने चाय तैयार करवाई और अतिथि हकीम के सामने ख़ाली कप रखके उनमें चाय डालने लगा...कप भर गया...लेकिन...हकीम उसमें बराबर और चाय डालता रहा... फिर चाय कप से बाहर निकलने लगी... अतिथि हकीम विस्मय से बोला, 'आप ऐसा क्यों कर रहे हो...?' चाय बाहर गिर रही है...मेरा बर्तन तो पहले ही भरा हुआ है...आपको मेरी शिक्षा की कोई ज़रूरत नहीं है... यह बाहर ही गिरेगी...' चीनी हकीम उठा और बाहर की तरफ़ चल पड़ा।

केसर को ख़्याल आया... बात तो एकदम सही लग रही है, क्योंकि उसने भी अपने किसी कार्य में तभी ग़लती की है, जब वह स्वयं को उस कार्य का माहिर समझने लगा था...

'बर्तन तो ख़ाली ही काम आते हैं... अंहकार तो अक्ल पर पर्दा डाले कोई भी काम सिरे नहीं चढ़ने देता...' फ़कीर की बात सुनके केसर का ध्यान चले जा रहे पहलवान की ओर चला गया था।

फ़कीर ने बात आगे जारी रखते हुए कहा, 'वही काम अंजाम तक पहुँचते हैं जिन्हें दिल से किया जाए... अनमने से आरम्भ किए गए काम छोटी-छोटी तकलीफ़ों के डर से अधूरे ही रह जाते हैं... कहावत है कि सफ़लता 'दृढ़ता' के कन्धों पर चढ़ कर ही प्राप्त होती है और 'दृढ़ता' की प्राप्ति उद्देश्य के पाँव पर चलकर...' केसर सफ़लता के इस फलसफ़े को समझने का प्रयास करने लगा।

एक पुरानी बात है कि एक बहुत ही धार्मिक प्रवृति वाला आदमी अपनी ज़िन्दगी का अन्तिम समय अपने 'मुरशद' की कुटिया में गुज़ारना चाहता था।

वह आदमी जब वृद्धावस्था में पहुँचा तो अपने परिवार से अंतिम बार मिलने के बाद अपने 'मुरशद' की कुटिया की तरफ़ चल दिया। मुरशद के पास पहुँचने के लिए एक बहुत विशाल पर्वत और एक बहुत घने जंगल में से होकर जाना पड़ता था। पर्वत लाँघने के बाद घना जंगल शुरू हुआ तो ज़ोरदार बारिश आरम्भ हो गई। रात पसर आने के कारण वह जब किसी झोंपड़ी में रुक गया।

दूसरे दिन उस झोंपड़ी वाले बुज़ुर्ग ने कहा, 'यह बारिश तो अब कई दिनों तक रुकने वाली नहीं... अब आपको कुछ दिनों तक यहीं रुकना पड़ेगा...बारिश में जंगल लाँघना बहुत ही कठिन होगा...'

'नहीं... मेरे लिए इतना कठिन नहीं होगा, क्योंकि मेरी रूह तो पहले ही मुरशद की कुटिया में विचर रही है... अब तो मुझे मात्र अपने शरीर को ही लेकर जाना है वहाँ...' कहते हुए वह बारिश में ही जंगल की तरफ़ चल पड़ा।

केसर सोच रहा था कि रूह तो उसकी जीती के पास ही है। उसे महसूस हुआ जैसे वह एक जोगी हो गया था, जिसकी काया साईं के पास और रूह जीती के पास है, मात्र शरीर ही उसके पास था। उसके कानों में थरथराती हुई आवाज़ टकराने लगी, 'उठ... इस भभूति को अपने जिस्म पर पोत ले...' यह स्वर किसका था?

फ़कीर तो चुप्पी ओढ़े समाधि में कहीं बहुत दूर विचरने लगा था...ना जाने कौन-सी दुनिया में...

'दुनिया तो एक ही है, फिर सभी की अलग-अलग क्यों है...?' केसर की आँखें अंधेरे में ही अपनी दुनिया को तलाशने लगीं...।

❖ ❖ ❖

दिन-इक्कीसवाँ

ज़बान के घाव, जल्दी से नहीं भरते, इसलिए सयानों ने कहा है कि हमें कम बोलना चाहिए।

(बहुत ज़्यादा बोलने से अनिष्ट हो जाता है)

पीछे से साइकिल पर चढ़े हुए एक आदमी, केसर और फ़कीर के पास आकर रुका। उसने फ़कीर को अभिवादन किया। केसर ने साइकिल पहली बार देखी थी।

केसर को साइकिल की ओर विस्मय से देखते हुए, उस आदमी ने बताया, 'इसे साइकिल कहते हैं... मेरा एक अंग्रेज दोस्त विलायत वापस जाते समय मुझे सौंप गया था...'

'आप यात्रा पर जा रहे हो...?' उसने पूछा।

इससे पहले फ़कीर कोई उत्तर देता, वह आदमी फिर कहने लगा, 'लगता है... आप लोग काशी जा रहे हो... मैंने भी काशी जाना है... मैंने पूरा देश साइकिल पर ही घूमना है...' फ़कीर के उत्तर को बीच में ही काटते हुए, उसने काशी के इतिहास का बख़ान शुरू कर दिया और फिर वह देश के हालात से लेकर मौसम तक का हाल बताने लगा।

उसने बताया कि उसे पूरा इलाका जानता है, उसका दादा राजा का सलाहकार था... और... वह इसी तरह की जानकारियों का खुलासा लगातार करने लगा था। फिर पीछे से उसका कोई परिचित आ गया तो वह उससे बतियाने लगा। फ़कीर और केसर आगे निकल गए। केसर ने पीछे मुड़ते हुए देखा, वह आदमी अभी भी अपने परिचित से बातें करने में लीन था। बहुत ज़्यादा बोलना भी कई जनों की आदत हो जाती है।

'जानने' और 'मालूम' होने में कितना अंतर है...' फ़कीर ने थोड़ा सोचते हुए कहा।

साईं जी... आप तो बहुत कम बातचीत करते हो, वो भी तभी जब आपसे कोई पूछे...' केसर की नज़रें प्रश्न करती प्रतीत हुईं।

फ़कीर ने बताया, 'कुछ भी बोलने से पहले हमें स्वयं से तीन प्रश्न अवश्य ही पूछ लेने चाहिए... प्रथम यह कि मैं जो भी बोल रहा हूँ, क्या यह सच है...? दूसरा यह कि क्या यह आवश्यक है...? और... तीसरा यह कि क्या सुनने वाले को इसका कोई लाभ होगा...? अगर तीनों प्रश्नों का उत्तर 'हाँ' में है तो ही बातचीत शुरू करनी चाहिए... वरना चुप रहना ही श्रेष्ठ होगा...'रब्ब' ने हमें दो कान और एक ज़बान बख़्शी है... शायद इसीलिए कि हम सुनें ज़्यादा से ज़्यादा और बोलें बहुत थोड़ा...'

'सुनना एक उत्तम गुण होता है, जिसे श्रवण करने को कई बार कई उम्रें गुज़र जाती हैं, क्योंकि सुनने के लिए सहनशीलता का होना बहुत ज़रूरी है... और... सहनशील होने के लिए अपने भीतर के अंहकार का वध करना पड़ता है...' फ़कीर ने बहुत गहनता वाली अपनी बात सहजता से कह डाली थी।

साईं जी... आपको कभी गुस्सा भी आता है...?' केसर ने फ़कीर से प्रश्न किया।

फ़कीर ने एक कथा सुनानी शुरू की, 'पुराने जमाने में एक सूफी संत रहता था... जिसे कभी किसी पर गुस्साते हुए नहीं देखा था... वह अपने कुछ शिष्यों के साथ एक आश्रम में रहता था... जब भी कोई शिष्य ग़लती को अंजाम देता या कोई उसे अपमानित करता तो वह अपमान करने वाले शख़्स को गंभीरता से देखता और मुस्कुरा के कहता, 'कश्ती ख़ाली है... हालातों से बेहाल हुई यह कश्ती ख़ाली है...'

शिष्य सूफी संत को बार-बार 'कश्ती ख़ाली है' का रहस्य जानने की जिज्ञासा प्रकट करते। एक दिन उसने एक पुरानी घटित हुई घटना सुनानी शुरू कर दी, 'बहुत समय पहले मैं समन्दर में मछलियाँ पकड़ने का काम किया करता था... एक गहरी अंधेरी रात को मैं जाल डाले हुए बैठा था, कहीं कुछ भी दिखाई नहीं दे रहा था। एक अन्य कश्ती मेरी कश्ती से आकर टकरा गई। मुझे बहुत गुस्सा आया। मैंने खड़े होकर दूसरी कश्ती वाले को ललकारा। ना तो कश्ती पीछे हट रही थी और ना ही प्रत्युत्तर ही दे रहा था कोई। मैं गुस्से से आग बबूला होने लगा, मैं 'गंडासा' लेकर उस कश्ती की तरफ़ बढ़ने लगा।

पास जाकर ध्यान से देखा तो जाना कि दूसरी कश्ती में तो कोई भी नहीं था। समन्दर में आए तूफ़ान की वजह से यह टूटी-फूटी जर्जर कश्ती, लहरों का प्रकोप झेलते हुए बहती-डूबती मेरी कश्ती से आ टकराई थी। मुझे स्वयं पर ग्लानि हो रही थी और हंसी भी आई। इसलिए अब मुझे जब कभी भी गुस्सा आने लगता है तो मैं

दूसरे को गंभीरता से देखता हूँ और मुस्कुरा के कह देता हूँ, 'कश्ती ख़ाली है... हालात की गर्दिश से बेहाल यह कश्ती ख़ाली है...' कहानी का समापन करके कुछ देर सोचने के बाद फ़कीर रुक गया।

'अक़्ल दुनिया की सिकन्दर है... लेकिन... अगर जब कभी पराजित होती है तो गुस्से ही होती है...' फ़कीर ने बात जारी रखते हुए कहा।

'पुत्तर... इज़्ज़त आदमी को नहीं, आदमी के व्यवहार को मिलती है...' फ़कीर ने केसर के कन्धों पर हाथ रखते हुए कहा, 'जानकारी बोलचाल से झलकती है... लेकिन... दनिशमंदी सदा ही आपसी व्यवहार में ही प्रतिबिंबित होती है...'

दूर तक सिवाए रेत के कुछ भी नहीं दिखाई दे रहा। रात की चली हुई आँधी ने रास्ते को भी पूरी तरह रेत से ढक दिया था। कोई भी पदचिन्ह या किसी छकड़े के निशान तक भी नहीं दिख रहे थे। फ़कीर ने 'खड़ाऊ' उतार के हाथ में पकड़ लीं। केसर की जूती भी बार-बार रेत से भरती जा रही थी। उसने रुक कर अपनी जूती को झाड़ा और फिर फ़कीर के साथ हो लिया।

लगभग आधे दिन के सफ़र के बाद, रास्ते में चहल-पहल दिखनी आरम्भ हो गई थी।

खिलौने तथा अन्य सामान बेचने वाले कई आदमी, अपने सिरों पर टोकरियाँ उठाए तेज़ कदमों से चलते हुए, केसर और फ़कीर से भी आगे निकलते जा रहे थे। पास ही किसी पीर की मज़ार पर किसी मेले का आयोजन हो रहा था। कहीं कोई मदारी बंदर का तमाशा दिखा रहा था और कहीं पर कोई हलवाई जलेबियाँ तल रहा था। बुरकापोश औरतें और टोपियाँ पहने बच्चों से पूरा मेला भर हुआ था।

केसर ने फ़कीर से पूछा, साईं जी... मैं मेले का एक चक्कर लगा आऊँ...?'

'चला जा पुत्तर... लेकिन... वापस जल्दी लौट आना...' फ़कीर ने रास्ते के किनारे एक बड़े-से पत्थर पर बैठते हुए कहा।

केसर क्षणों में ही मेले की भीड़ में सम्मिलित हो गया। मज़ार के भीतर कम ही लोग थे... लेकिन... बाहर भीड़ के रेलों में बढ़ोत्तरी हो रही थी।

चूड़ियों वाली दुकान पर कुछ बुरकापोश औरतें रंग-बिरंगी चूड़ियों को देख रही थीं। उनके चेहरों से बुरके ऊपर को उठे हुए थे। केसर को एक लड़की का चेहरा बिल्कुल अपनी तारो बहन जैसा प्रतीत हुआ। केसर उसे तल्लीनता से देखने लगा। एकाएक उस लड़की का ध्यान, उसे देखने में लीन केसर की तरफ़ गया।

'तारो बहन...?' केसर का मुँह खुले का खुला रह गया।

'केसरा...' उस लड़की ने अपने क़दमों को केसर की तरफ़ बढ़ाया। फिर उसने रुकते हुए झट से अपने चेहरे को बुरके से ढक लिया और दूसरी तरफ़ घूमते हुए वह भीड़ का हिस्सा हो गई।

केसर ने कुछ दूरी तक उस लड़की का पीछा किया... लेकिन... वह फिर दिखाई नहीं दी। केसर के दिमाग को झटका लगा।

वह धीरे-धीरे क़दमों को घिसटते हुए बाहर बैठे फ़कीर के पास आया और बुक्काफाड़ रोते हुए, उसके गले से लिपट गया। फ़कीर केसर को गले लगाए हुए काफी देर तक वहीं बैठा रहा। केसर ने धीरे-धीरे सारा वृतान्त फ़कीर को सुना दिया। फ़कीर चुपचाप सुनता रहा।

'उसकी रहमतें... वही जानता है...' फ़कीर के स्वर गहन उदासी से भर गए थे।

उसने केसर को कन्धों से पकड़ उसे सहारा देते हुए उठाया और धीरे-धीरे चलने लगा।

केसर भी बोझिल क़दमों से पीछे-पीछे चलने लगा। उसे प्रतीत हुआ, जैसे उसके पीछे कोई चला आ रहा हो। उसने पीछे मुड़कर देखा... रास्ता सुनसान था... लेकिन... मेला अभी भी यौवन पर था। एक लम्बे 'शमले' वाला आदमी हेक लगाते हुए गा रहा था...

सजना ज़िन्दगी के रंग, आज चटकीले तो कल बदरंग...

❖ ❖ ❖

दिन-बाईसवाँ

प्रश्न यह नहीं कि हमारा धर्म कौन-सा है, प्रश्न यह है कि हमारा धर्म क्या है...?

(नास्तिक को गले लगा के रब्ब ने कहा)

रास्ते में एक दरख़्त के पाँवों रखे हुए पत्थर तले कुछ कपड़ों की कतरनें और ढुलके हुए तेल को देखते हुए फ़कीर ने कहा, 'आजकल लोगों ने अपने-अपने 'रब्ब' तराश लिए हैं। अगर कहीं 'रब्ब' और इन्सान दोनों का मिलन हो जाए तो संभवतः एक-दूसरे को यही कहेंगे 'नमस्कार... मेरे सजृनकर्ता...' यह कहकर उसने ठहाका लगाया। केसर सोच-विचार करने लगा... कौन किसका सृजनकर्ता है...?

'हम जिधर जा रहे हैं, उधर गरमी बहुत ज़्यादा पड़ती है...हमें दोपहर से पहले-पहले सफ़र ख़त्म करना होगा...' फ़कीर ने कहा। केसर चुपचाप उससे दो-तीन क़दम पीछे चल रहा था। काफी देर की चुप्पी तोड़ते हुए केसर ने पूछा, साईं कष्ट और दुःख ना होता हो...?'

जी... क्या स्वर्ग होता भी है...? जहाँ कोई कष्ट्र और दुःख न होता हो ...?

'जवान... ले सुन... एक बार एक राजकुमार को किसी ने बता दिया कि मृत्यु उपरान्त ज़िन्दगी में दुःखों को भोगने वाले को स्वर्ग और सुख भोगने वाले को नरक की प्राप्ति होती है... राजकुमार ने महलों को छोड़ के जंगलों का रुख लिया... उसने शरीर को अत्यधिक कष्ट दिए... वह सारा दिन भूखे पेट रहकर, एक टाँग पर खड़ा रहता... आख़िर इस तरह शरीर को अत्यधिक यातनाएं देने वाली ज़िन्दगी भोग के राजकुमार वृद्ध हो गया और अंततः मृत्यु को प्राप्त हुआ। मृत्यु उपरान्त जब वह ऊपर पहुँचा तो 'रब्ब' ने पूछा, 'तुम्हारी स्वर्ग की यात्रा कैसी रही, बरख़ुरदारा...?' कहते हुए

फ़कीर मुस्कुराया... स्वर्ग वास्तव में कोई जगह नहीं, मात्र हमारे मन की विकृत अवस्था है।

केसर पूरा दिन फ़कीर की मानसिकता को जानने का प्रयास करता रहा। दोपहर को विश्राम करने के बाद उसने फ़कीर से पूछा, 'मैंने सुना है कि धार्मिक लोग मरणोपरान्त स्वर्ग को प्राप्त होते हैं... आप किस धर्म से हो...?'

फ़कीर ने बहुत सहजता से उत्तर दिया, 'प्रश्न यह नहीं कि हमारा धर्म 'कौन-सा' है... प्रश्न यह है कि हमारा धर्म 'क्या' है...?' किसी धार्मिक स्थल के बाहर खड़े एक भिखारी को भीतर जा रहे एक श्रद्धालु ने पूछा, 'तुम हिन्दू हो या मुसलमान...?'

'मैं सिर्फ़ भूखा हूँ...' भिखारी ने उत्तर दिया।

दिन छुपने वाला था। फ़कीर और केसर चुपचाप चलते गए... केसर अभी भी उस भिखारी के उत्तर के बारे में ही सोच रहा था... भूखे को तो चाँद भी रोटी ही प्रतीत होता है...

अगले शहर के बाहर केसर और फ़कीर को लोग आपस में झगड़ते हुए नज़र आए। पूछने पर ज्ञात हुआ कि यहाँ दो धर्मों के बीच एक धार्मिक स्थल के मालिकाना हक़ का झगड़ा चल रहा है।

'बनानी तो 'रब्ब' की जगह ही है, फिर यह झगड़ा किस लिए...?' फ़कीर ने कहा। दोनों कुछ क्षण वहाँ रुके और फिर आगे चल पड़े।

शहर से बाहर निकलने के बाद, फ़कीर ने बात जारी रखते हुए कहा, 'एक बार मुल्ला नसरूदीन के गाँव के पास से गुज़र रहे, चार हज-यात्रिओं का आपस में झगड़ा हो गया... एक यात्री तुर्की से था, दूसरा अरब से... तीसरा यूनान से और चौथा ईरान से था। यात्रा के दौरान उनके पैसे ख़त्म हो गए तो उन्हें किसी राहगीर ने एक 'दिराम' दिया। 'इस 'दिराम' के अंगूर खरीद के खाएंगे...' ईरानी यात्री ने कहा। 'नहीं... मैं तो 'उनाब' ही खाना चाहूँगा...' अरबी यात्री ने कहा। 'मैं तो 'औज़म' ही खाऊँगा...' तुर्की यात्री ने कहा। 'तुम मेरी मानो तो 'अमलतास का फल' खाकर देखो...' यूनानी यात्री ने सभी को समझाने की कोशिश की।

मुल्ला नसरूदीन जो पास ही खड़े थे, उनकी बातें सुनते हुए मुस्कुरा रहे थे। उसने यात्रियों को बाज़ार ले जाकर अंगूर खरीदे और सभी को खाने को दे दिए। सभी बहुत प्रसन्नचित हो गए।

नसरूदीन ने ठहाका लेते हुए कहा, 'दरअसल आप सभी अंगूर ही खाना चाहते थे... लेकिन... एक-दूसरे की भाषा ना समझ पाने के कारण झगड़ रहे थे...'

फ़कीर ने केसर की तरफ़ देखते हुए कहा, 'यही हाल हमारा है... 'रब्ब' तो एक ही है... लेकिन... हम ही उसे समझने की बजाए, उसका अलग-अलग नाम रख के आपस में लड़ते-झगड़ते रहते हैं...'

हमने 'रब्ब' को बाँट लिया है, समाज को भी बाँट लिया है,
हमने दीवारें उसारते-उसारते बाँट लिए अपने परिवार।
बाबा नानक ने कहा था...'एक ओंकार...एक ओंकार...'

'सभी में 'रब्ब' के साक्षात दर्शन करने वाला ही प्यार का वास्तविक अर्थ समझ सकता है...' फ़कीर जैसे स्वयं से ही संवाद रचा रहा था।

फ़कीर की गुत्थियों में उलझे केसर प्रेम के गहन रहस्य समझने का प्रयास कर रहा था। प्रेम की बारिकियों के बारे सोचते हुए केसर की सोच बचपन में बापू से सुनी एक कहानी पर केन्द्रित हो गई।

'पुराने समय की बात है, एक राजा ने आदेश दिया कि उसके राज्य में कहीं भी कोई वृद्ध शख़्स नहीं दिखाई देना चाहिए... सभी वृद्धजनों को जंगल में छोड़ देने के आदेश की घोषणा कर दी गई। सभी युवा बेटे अपने-अपने बुज़ुर्गों को जंगल में छोड़ आने को विवश हो गए।

एक बेटा अपने बूढ़े बाप को जंगल में छोड़ने जा रहा था। दोनों चुपचाप चले जा रहे थे। बेटा उदास और विवश था। चलते-चलते शाम घिर आई। जंगल अभी बहुत दूर था। बूढ़े बाप ने चुप्पी भंग करते हुए, अपने उदास बेटे से कहा, 'मेरी बात सुनो पुत्तर... अंधेरा घिरने वाला है... जब तक हम जंगल तक पहुँचेंगे, रात और गहरी हो जाएगी... जंगली जानवरों का क्या भरोसा...मैंने तो मरना ही है पुत्तर... तुम यहीं से वापस लौट जाओ... आगे मैं खुद ही चला जाऊँगा...'

इतना सुनते ही बेटा अपने बापू के गले लग कर बुक्का-फाड़ रोने लगा और उसे वापस अपने साथ लिवा लाया। उसने अपने बापू को घर के भीतर का पिछला कमरा रहने को दे दिया। दिन धीरे-धीरे बीतने लगे।

एक दिन राजा ने मुनादी करवाई कि उसकी प्रजा में से जो भी कोई 'राख़' की रस्सी तैयार करके राजा के सामने प्रस्तुत करेगा, उसे बहुत बड़ा पुरस्कार दिया जाएगा।

बेटे ने घर आकर अपने वृद्ध बाप से मश्विरा किया। बापू ने उत्तर दिया, 'तू 'साण' की एक मोटी रस्सी तैयार करके, परात में रख दे और फिर उसे आग लगा दे... जब रस्सी आग से जल जाए तो परात सहित उस जली हुई रस्सी को राजा के समक्ष जे जाना...'

बेटे ने ऐसे ही किया। राजा बहुत प्रसन्न हुआ और उसे पुरस्कार देते हुए पूछा, 'इतनी समझदारी तूने कहाँ से सीख़ी है...' बेटे ने सच-सच बता दिया। राजा ने अपनी

ग़लती स्वीकारते हुए, वृद्धजनों को जंगल में छोड़ आने का अपना आदेश वापस ले लिया।

कहानी समाप्त करके बापू ने केसर को कहा था, 'पुत्तर... यह कहानी मैंने तुम्हें इसलिए सुनाई है कि कहीं तू भी मुझ बूढ़े की चारपाई, हवेली में ढोर-डंगरों वाले ओसारे में ना पहुँचा देना...' कहते हुए बापू ने ठहाका लिया था।

बापू को स्मरण करते हुए, केसर का हाथ जेब में सटी चिट्ठी की तरफ़ हो गया और उसका ज़हन बीकानेर के अनजाने रास्तों में कहीं गुम होकर रह गया।

❖ ❖ ❖

दिन-तेईसवाँ

बंजर ज़मीनों में स्वाभिमान की ख़ेती नहीं होती... और... लावारिस रास्ते राहगीरों की प्रतीक्षा में ही नष्ट हो जाते हैं।

(वक़्त की सीख़, चेहरों पर लकीरों के रूप में आकार लेती हैं)

सुबह ही 'रोहेड़े' के सुर्ख-पीले फूलों को निहारते हुए केसर रुक गया। सूरज उगने में अभी कुछ समय बाकी था। फूलों पर पड़ी ओस को देख के उसने फ़कीर से कहा, 'इन ओस की बूंदों की उम्र कितनी छोटी होती है।

फ़कीर ने ओस को बहुत सुकून से निहारते हुए कहा, 'यह सभी पानी के ही स्वरूप हैं... जवान... पानी ओस में तब्दील होकर, फूलों को दोपहर को झुलसाने वाली गरमी से राहत के लिए मुस्तैद करता है... आँसुओं के रूप में दुःखी शख़्स को ढाँढस बंधवाता है और पसीने में तब्दील होकर मज़दूर को राहत प्रदान करता है... मुझे कई बार आभास होता है कि 'रब्ब' इस दुनिया में पानी के प्रतिरूप में ही विचर रहा है...'

फ़कीर की बातें सुनके केसर का ज़हन किसी दूसरे जहान में पहुँच गया... फ़कीर ने किसी दिन कहा था, 'जिस स्थान पर 'रब्ब' के नाम का उच्चारण होता है, उस स्थान के आसपास का जल भी अमृत में तब्दील हो जाता है...' केसर को इस यथार्थ की वजह अब थोड़ी-थोड़ी समझ में आने लगी थी।

चलते-चलते दोनों एक गाँव के नज़दीक पहुँच गए, जहाँ कुछ नौजवानों ने शीतल जल की छबील लगा रखी थी। इस इलाके में पिछले कई सालों से पानी का जबरदस्त अकाल था। गरमी भी झुलसाने वाली थी। लोग बारिशों की प्रतीक्षा कर रहे थे। कुछ देर वहाँ बैठ कर जल ग्रहण करके वे दोनों आगे के सफ़र पर निकल पड़े। फ़कीर ने गरमी से भयावहता से झुलसे हुए आसमान की तरफ़ देखा और कहा, 'जल है तो ही कल है...'

'जवान... रेत के टीलों को देख रहा है...?' फ़कीर की आवाज़ में भय था...'कभी यहाँ चारों तरफ़ हरियाली हुआ करती थी... हम जल और प्रकृति की कई अमूल्य रहमतों को संभाल नहीं सके... इन्सान आरम्भ से ही प्रकृति से खिलवाड़ करता आ रहा है... सुना है कि बगदाद की धरती कभी, नदियों के किनारे विकसित हुई, दुनिया की सर्वप्रथम सभ्यता थी... आजकल वहाँ चहूँओर मरूस्थल हैं... कहते हैं कि सिन्धु घाटी की सभ्यता दरियाओं के सूख जाने के कारण ही तहस-नहस हो गई थी।

ब्रह्मण्ड में जीवन सिर्फ़ धरती पर ही है, क्योंकि किसी अन्य ग्रह पर जल है ही नहीं। दुनिया के लगभग महानगर दरियाओं के किनारों पर ही बसे हुए थे...जब दरिया सूखने की कगार पर आ गए तो सभी शहर भी उजड़ गए। जब दरियाओं का जलस्तर नीचे होता गया तो हमने कुएं खोद लिए, जब कुओं का जलस्तर गहरा हुआ तो हमने 'नलके' लगा लिए, पानी के स्त्रोत सीमित होने लगे... लेकिन... हमारी सोच में कोई बढ़ोत्तरी ना हो सकी...' फ़कीर किसी दार्शनिक की तरह गहरी सोच में विचरते हुए बोला।

कुछ क्षण मौन रहने के बाद फ़कीर ने कहा, 'हमें जब तक हो रहे नुकसान की जानकारी मिलती है, तब तक शायद बहुत देरी हो चुकी होती है...हमारी स्थिति तो उस सज्जन सरीख़ी है जो पैसा कमाने की फ़िराक में अपनी सेहत से भी हाथ धो बैठता है और फिर वही कमाया पैसा बीमारी इलाज में खर्च कर देता है... फिर ना तो सेहत ही रहती है और ना ही पैसा...' कहते हुए फ़कीर गहन सोच में उतर गया।

केसर चुपचाप सुन रहा था और फ़कीर की चिन्ता को समझने का प्रयास कर रहा था।

फ़कीर ने सोने के लिए 'लोई' बिछा ली और पानी वाली मशक सिरहाने रखते हुए कहा, 'धरती और आदमी का शरीर भी दो-तिहाई पानी से निर्मित है... जल है तो प्राणी है... सृष्टि की उत्पति भी तो जल से ही हुई थी...'

साईं जी... दुनिया की उत्पति कैसे हुई थी...?' केसर ने प्रश्न किया।

'यह प्रश्न युगों से मनुष्य की सोच का हिस्सा बना रहा है...'जा कर्ता सिरठी कऊ साजै आपे जाणे सोई, बाबा नानक ने हमें समझाया था...

'अरबद... नरबद... धुंधुकारा...' घुप अंधेरे में से, 'कीता पसाऊ ऐको कवाऊ' यानि एक ईश्वरीय आवाज़ के साथ सारा प्रसार हुआ। फिर 'पवन और जल उत्पन्न हुए' और जल और त्रिभुवन प्रदान किए...' फ़कीर का उत्तर कठौती में समन्दर बंद करने के तुल्य था।

रास्ते के पास ही कुएं की 'हलटी' देख कर दोनों रुक गए। वहाँ काफी हलचल थी। राहगीरों के ठहरने के लिए यह एक रमणीय स्थल था। परिन्दे, जानवर और राहगीर प्रतिदिन यहीं से पानी पीकर अपने-अपने गंतव्यों की ओर लौटते थे।

'हलटी' के पास ही एक ऊँट के साथ राजस्थानी पगड़ी बान्धे हुए एक अधेड़ उम्र का आदमी बैठा था। इस इलाके में 'हलटों' को चलाने के लिए अधिकतर ऊँटों को ही जोतने का चलन था। फ़कीर को देखके उस आदमी ने जुगाली कर रहे ऊँट को 'हुर्र-हुर्र' की आवाज़ से उठाया और उसे 'हलट' के आगे जोतते हुए 'हलट' चला दिया। पानी से 'खुरली' लबालब भर गई। उसके प्यार से 'यॅहू-यॅहू' के उच्चारण के बाद ऊँट झट से बैठ गया। उसने ऊँट को खाने के लिए 'डेक' के पत्ते दिए। केसर और फ़कीर ने स्नान किया और वही रात गुज़ारने का इरादा कर लिया।

फ़कीर के सोने की जगह की सफ़ाई करने के उपरान्त उस आदमी ने अपने बारे में जानकारी दी कि एक बार वह कैसे बीमार हो गया था और बहुत टोटके आज़माने और चारपाई पर पसरे रहने के बाद जब वह चलने-फिरने के क़ाबिल हुआ तो उसने आने-जाने वाले प्यासे राहगीरों को पानी पिलाने को ही अपनी ज़िन्दगी का उद्देश्य बना लिया।

फ़कीर ने उसे प्यार से आशीर्वाद देते हुए कहा, 'बहुत बड़ी सेवा कर रहा है तू सज्जना...! नायाब पानी की कीमत किसी प्यासे को ही मालूम होती है या फिर मरूस्थलों में रहने वाले लोगों को, जो हाथ, पाँव और चेहरे को ऐसे धोते हैं कि पानी की बचत भी होती रहे जिसे वे 'ऊजू' संभालना बोलते हैं...यह लोग हाथ धोते वक़्त बाजू को ऊपर कर लेते हैं ताकि हाथ से टपके पानी से बाजू भी धुल जाए...'

उस आदमी ने 'हाँ' में सिर हिलाते हुए कहा, 'वही धरती रानी है...जिसकी छाती पर पानी है...' उसकी वाणी में आधी सदी का तजुरबा झलक रहा था।

'बंजर ज़मीनों में अभिमान की ख़ेती नहीं होती... और... लावारिस रास्ते राहगीरों की प्रतीक्षा में ही नष्ट हो जाते हैं...' फ़कीर ने सुनसान रास्ते को निहारते हुए कहा।

रात पसरने लगी थी। इक्का-दुक्का तारा दिखाई देने लगा था। फ़कीर माला निकाल कर आसन जमाने की तैयारी करने लगा। वह आदमी भी ऊँट को पेड़ से बान्धते हुए सोने की तैयारी करने लगा।

केसर ने कुर्ते की दाहिनी जेब में हाथ फ़ेरा और फ़कीर के दिए हुए गोल काले रंग के पत्थर को टटोला। काला पत्थर रात के अंधेरे में भी दमक रहा था। इस पत्थर को हाथों में लेते ही केसर को अद्भुत-सा सुकून मिलता था। यात्रा के अंत पर सफ़ेद

पत्थर प्राप्त करने की बात केसर रोज ही स्मरण कर लेता था, 'जब भी तुम्हें कभी कुछ समझ ना आए तो दोनों पत्थरों को हाथों में पकड़ कर समाधि लगाना, परमात्मा तुम्हें अपने आप सुबुद्धि प्रदान करेगा...' फ़कीर के प्रथम दिन के उच्चारित कथनों ने उसे ढाँढस बंधाया।

❖ ❖ ❖

दिन-चौबीसवाँ

दुनिया का हर इन्सान... दानवीर भी है और भिखारी भी।
समय और स्थान के साथ पात्र भी तब्दील होते रहते हैं

(जब तक लालची लोग जीवित हैं, ठग कभी भूखे नहीं मर सकते)

केसर और फ़कीर ने अभी सवेरे-सवेरे सफ़र आरम्भ नहीं किया था कि पीछे से दो घुड़सवार उनके साथ आ मिले। आगे वाला घुड़सवार बेशकीमती पोशाक और गले में पहने सोने के 'कैंठे' से काफी संभ्रान्त दिखाई दे रहा था। उसने घोड़े से उतर कर, लगान पीछे आ रहे अपने सेवक को थमाई और फ़कीर के चरण स्पर्श किए।

'तुम्हें हमेशा 'रब्ब' याद रहे...' फ़कीर ने पाँव पीछे सरकाते हुए उसके सिर पर हाथ रखते हुए आशीर्वाद दिया।

केसर ने फ़कीर को फुसफुसाते हुए कुछ कहा। फ़कीर ने मुस्कुराते हुए उस अमीर शख़्स को कहा कि हमारा सेवादार जानने को उतावला है कि आप इतने अमीर कैसे हो गए?

उस शख़्स ने केसर की तरफ़ देखा और कहा, 'नौजवान...! मेरे बाप ने पैसे के बारे मुझे तीन 'नुक़्ते' बताए थे जो आजतक मेरे काम आ रहे हैं...'

पहला नुक़्ता अधिक दौलत कमाने से कोई अमीर नहीं हो जाता बल्कि बचत करने से होता है। अपनी कमाई में से हर माह पाँचवाँ हिस्सा पहले अपने लिए अलग रखो और उसे बचा कर रख लो, फिर दसवाँ हिस्सा भगवान के नाम का निकाल कर इसे ज़रूरतमंद लोगों की भलाई के लिए उपयोग करो और बाकी की रकम अपनी ज़रूरतों और सहूलियतों के लिए खर्च करो।

दूसरा नुक़्ता कभी दौलत के गुलाम मत बनिए, दौलत की गुलामी इन्सान को लालची बना देती है और फिर यही लालच इन्सान को बेईमान बना देता है।

तीसरा नुक़्ता, दौलत कमाने का उद्देश्य ऐश और आराम नहीं होना चाहिए। दौलत का वास्तविक उद्देश्य आज़ादी है... वक़्त की आज़ादी, अपने सपनों की ताबीर देखने की आज़ादी।

घुड़सवार ने केसर के कन्धे पर हाथ रखते हुए कहा, 'जो इन्सान अमीर बनने के सपने देखता है... दौलत उसके पास चुम्बक की तरह खिंची आती है... तू एक दिन खूब कामयाबी हासिल करेगा...' फ़कीर को अभिवादन करते हुए दोनों घुड़सवार आगे निकल गए।

दिन ढलने की कगार पर आ गया था। संभ्रान्त व्यापारी को धन-दौलत कमाने के बारे बताई बातें, अभी तक भी केसर का पीछा नहीं छोड़ रही थीं। केसर को जीती के अमीर ज़ैलदार बाप से जीती का हाथ माँगने की कई राहें खुलती हुई प्रतीत होने लगीं।

केसर ने फ़कीर से ठिठोली करते हुए पूछा, 'अगर मुझे कोई खज़ाना मिल जाए तो मैं भी अपने गाँव में घोड़े पर बैठकर ही जाऊँगा...' फ़कीर केसर की तरफ़ देखते हुए मुस्कुराया और बोला, 'एक पुरानी बात है, मिस्त्र मुल्क़ में नील दरिया के किनारे एक नील नाम वाला आदमी रहता था... उसके घर के आँगन में एक ख़जूर का पेड़ था, जिसकी विशेषता यह थी कि इसकी जड़ों में से ख़जूर के तीन पेड़ निकले हुए थे। आदमी ग़रीब था, उसने कितनी बार इस ख़जूर के पेड़ को काटके बेचने की तरक़ीब बनाई... लेकिन... उसकी बीवी ने हर बार मना कर दिया...वह अद्भुत पेड़ को शुभ-शगुन मानती थी।

एक दिन उसने सपना देखा कि तुर्की देश की राजधानी में बहुत विशाल पुल की पूर्वी दिशा की तरफ़ एक खज़ाना है। कई दिनों की यातनामय यात्रा के उपरान्त वह पुल के पास पहुँच गया। हर रोज शाम होते ही वह पुल के पूर्व की तरफ़ जाकर खज़ाना तलाशने में जुटने लगा। पुल के पास ही एक दुकान के मालिक ने उसे पूछा कि वह क्या ढूँढ रहा है??

उस ग़रीब आदमी ने सारा वृतान्त सुना दिया। दुकानदार ने मुस्कुराते हुए कहा, 'इस तरह कभी ख़जाने नहीं मिला करते भाई साहब... मुझे कई बार सपना आया है कि मिस्त्र देश में नील नदी के किनारे नील नाम वाले एक शख़्स के घर में एक ही जड़ से उगे ख़जूर के तीन पेड़ हैं और उसी पेड़ की जड़ के पास बहुत बड़ा ख़जाना दबा हुआ है। भला एक ही जड़ से तीन ख़जूर के पेड़ उगे हुए देखें हैं किसी ने...?

नील चुप रहा और अपने घर वापस आ गया। उसने घर पहुँचते ही ख़जूर के पेड़ के पास खुदाई शुरू कर दी। कुछ देर बाद हीरे-जवाहरातों का चमचमाता हुआ ख़जाना उसके सामने था।

'ख़जाना तो हमारे भीतर ही होता है और हम उसे बाहर ढूँढते फिरते हैं...' फ़कीर ने केसर को अमीरी का मकसद समझाया।

'भति विचि रतन जवाहर मानिक' 'कई बार तो ऐसे प्रतीत होता है कि सृष्टि को 'रब्ब' नहीं बल्कि दौलत चला रही है... दौलत इकट्ठी करने की ज़रूरत आदमी को कैसे पड़ी...?' केसर अब फ़कीर को कुछ भी पूछने से झिझकता नहीं था।

'ज़रूरत सब कुछ करवा देती है, केसरा... मैंने कहीं पढ़ा था कि पाषाण युग में आदमी ने अपनी सुरक्षा के लिए कबीलों में रहने और निजी ज़रूरतों के लिए एक-दूसरे का आश्रय लेना आरम्भ कर दिया...किसी अन्य आदमी से कोई चीज़ प्राप्त करने के लिए उसे कोई चीज़ देनी भी पड़ती थी... इसलिए इन्सान ने चीज़ों का आदान-प्रदान शुरू कर दिया... पाषाण युग से प्रारम्भ हुआ यह आदान-प्रारम्भ का क्रम 600 ई. के लगभग सोने और चाँदी के सिक्कों में तब्दील हो गया और 800 ई. के लगभग काग़ज़ के नोटों का चलन चीन में आरम्भ हुआ था...' फ़कीर ने केसर को मुद्रा के इतिहास पर रोशनी डालते हुए कहा।

केसर और फ़कीर की पदचाल अब थोड़ी धीमी होने लगी थी। सामने एक मज़ार दिखाई दी। मज़ार पर दो मटकियाँ बनी हुई थीं, जिनमें कुछ मुरझाए हुए फूल पड़े थे।

दोनों मज़ार के चबूतरे पर बैठ गए। फ़कीर ने वहाँ विराजमान सेवादार से मज़ार की जानकारी लेते हुए पूछा तो उसने तफ़सील दी कि यह 'ढोला-मारू' की मज़ार है जो कि इस इलाके की प्रसिद्ध प्रेम-कथा है और सनातन काल से प्रचलित है यह लोककथा। 'मारू' बीकानेर के राजा की बेटी थी। प्रचलित कथा के अनुसार इस स्थान पर राजकुमारी 'मारू' और उसके गरीब प्रेमी 'ढोले' की मृत्यु हुई थी। आजकल प्रेमी युगल यहाँ अपने प्यार की लम्बी उम्र की कामना करते हुए अरदास करने आते हैं।

केसर भी जीती को याद करते हुए, अपने प्यार को प्राप्त करने की दिल ही दिल में दुआ करने लगा। उसकी आँखें ऐसे मुंदने लगीं जैसे किसी ने उसकी पलकों पर मुलायम-सा मोर पंख रख दिया हो। किस्सों में पढ़ी सस्सी की तड़प और मजनू की विवशता केसर को अब बहुत शिद्दत से समझ आने लगी थी।

❖ ❖ ❖

दिन-पच्चीसवाँ

तूफ़ान से बचाव के लिए सबसे सुरक्षित स्थान तूफ़ान की आँख होती है जो इसके ठीक मध्य में स्थित होती है। यह सिर्फ़ उसे ही दिखती है जो तूफ़ान की छाती को फाड़कर भीतर प्रवेश करने का साहस रखता है...

(किसी बोधि मठ के शिलालेख पर उकरी इबारत)

केसर और फ़कीर थोड़ी धीमी गति से चलने लगे। केसर ने चले आ रहे ऊँट को देखते हुए कहा, 'इसके पाँव कितने बड़े और चपटे हैं...' फ़कीर ने ऊँट के पाँवों की तरफ़ देखते हुए बताया, 'रेतीले इलाके में चलने के लिए पाँव चपटे ही होने चाहिए... मरूस्थल की परिस्थितियों के मुताबिक स्वयं को ढालने के कारण ही ऊँट की इतनी क़द्र है... इसलिए जो व्यक्ति स्वयं को हालातों के मुताबिक ढाल लेता है, वही सुखी और प्रसन्न रह सकता है...'

फ़कीर ने बात जारी रखते हुए एक साख़ी को पढ़ना शुरू किया, 'महात्मा बुद्ध के पास इलाके का एक प्रसिद्ध साहूकार फ़रियाद लेकर आया, 'मैं बहुत दुःखी हूँ... महाराज जी...मैं अपनी पत्नी को बहुत प्यार करता हूँ... लेकिन...वह मुझसे झगड़ती रहती है...मेरे बच्चे बहुत ही शर्मीले हैं... लेकिन... वे कोई काम भी नहीं करते... पैसा 'रब्ब' ने बहुत दिया है...लेकिन... हर वक़्त चोरी का भय लगा रहता है... लोगों को ब्याज पर पैसा देना मेरा धंधा है... लेकिन... लोग पैसा वक़्त पर वापस नहीं देते...मेरा दायाँ घुटना भी अब दर्द करता रहता है...' ऐसे साहूकार लम्बे समय तक महात्मा बुद्ध को अपनी व्यथा सुनाता रहा।

'मेरे पास तुम्हारे दुःखों के निवारण का कोई समाधान नहीं है...' महात्मा बुद्ध ने कहा।

'क्यों महात्मा जी... ? मैंने तो आपकी बहुत महिमा सुनी है...' साहूकार के स्वर में करूणा थी।

'क्योंकि तुम्हारे सभी कष्ट उन 83 दुःखों में से हैं जो जनता को आमतौर पर होते हैं और इनका कोई स्थायी समाधान नहीं होता...लेकिन...मैं तुम्हारे 84 वें दुःख का समाधान कर सकता हूँ...' महात्मा बुद्ध ने उत्तर दिया।

'मेरा 84 वां दुःख...? वो कौन-सा है महात्मा जी...?' साहूकार ने विस्मित हो गया।

'यही कि तुम कष्ट रहित ज़िन्दगी बसर करना चाहते हो...' महात्मा ने उसे प्यार से देखकर मुस्कुराते हुए कहा।

साख़ी वाचन के उपरान्त फ़कीर ने केसर की तरफ़ देख के कहा, 'दरअसल बात यह है कि आदमी को संतोष या तो सब्र करने पर आता है या फिर कब्र में पड़ने पर...'

'एक बार किसी देश का राजा बहुत दयाशील, सूझवान और पूजा-पाठ करने वाला था...अचानक एक दिन वह बीमार पड़ा और उसे लकवा हो गया...उसका चलना-फिरना दूभर हो गया...उसका हालचाल जानने एक वजीर ने कहा, 'जहांपनाह...! आप 'रब्ब' के नाम वाले एक दयावान राजा हो...'रब्ब' ने आपके साथ यह अनिष्ट करके अच्छा नहीं किया...भगवान से पूछना चाहिए कि यह नाइन्साफ़ी उसने आपके साथ ही क्यों की है...?'

राजा ने उत्तर दिया, 'एक बात पूछूँ, जब मैं राजा हुआ था, तो तब मैंने 'रब्ब' से नहीं पूछा था कि मुझे राजा क्यों बना दिया और अब मैं 'रब्ब' से क्यों पूछूँ कि मुझे अपाहिज़ क्यों कर दिया...?'

दूर-दूर तक कहीं कोई आबादी और ना ही कोई आता-जाता हुआ दिखाई दे रहा था। सूरज भी शिखर पर आ पहुँचा था। पीपल के सायेदार पेड़ के नीचे वे दोनों बैठ गए।

एक चरवाहा वहाँ पहले ही से अपनी आठ-दस बकरियाँ लिए हुए बैठा था। एक घुड़सवार भी अपने घोड़े को पास ही बांध कर, लेटा हुआ था। वे दोनों आपस में बतिया रहे थे।

घुड़सवार ने चरवाहे को पूछा, 'बकरियाँ पालने के धंधे में गुज़ारा करना कहाँ आसान है...तू दूध बेचकर कितने पैसे कमा लेता है...?'

'यही कोई दो-तीन रुपए रोज के...रोटी-रोजी चल रही है...' चरवाहे ने इत्मीनान से कहा।

'मेरे घोड़ों को संभालने का काम कर लेगा...? पाँच रुपए रोज के दिया करूँगा...' घुड़सवार ने कहा।

'भगवान तुम्हारा भला करे...' चरवाहे ने कहा, 'लेकिन...जो सुकून अपनी बक़रियों को चरवाने में है, वो किसी दूसरे के घोड़ों की मालिश कर के भी नहीं मिलेगा...'

घुड़सवार ने हाँ में सिर हिलाते हुए कहा, 'बात तो तुम्हारी ठीक है...जो सुख अपनी झोंपड़ी का मालिक बनने में है, वो किसी महल का नौकर बनके नहीं मिल सकता...' केसर और फ़क़ीर उन दोनों का वार्तालाप सुन रहे थे। फ़क़ीर ने उन्हें एक कहानी सुनानी आरम्भ की, 'तुम्हारी बातें सुनते हुए, एक बात याद हो आई, एक बार एक राजा को शिकार करते हुए, एक जंगली मिला जिसने अपने गले में शेर के दाँतों की माला पहनी हुई थी। राजा को शेर के दाँतों वाली वो माला बहुत पसन्द आई। उसने अपने गले में पड़ी बेशकीमती सुच्चे मोतियों की माला, उस जंगली आदमी की माला से बदलने की पेशकश की।

उस जंगली आदमी ने अपनी शेर के दाँतों वाली माला बदलने से इनकार कर दिया। राजा आश्चर्यचकित और परेशान भी हुआ।

'तुम्हें मालूम है कि इस सुच्चे मोतियों की माला को बेचकर तुम उम्र भरके लिए बैठे-बैठाए खा सकते हो...' राजा ने जंगली आदमी से कहा।

'हाँ जी... मुझे मालूम है...' उस जंगली आदमी ने उत्तर दिया।

'फिर तूने अपनी माला देने से इनकार क्यों किया...?' राजा ने पूछा।

'सिपी का मुँह खोलकर तो कोई भी मोती निकाल सकता है, जहांपनाह...!' जंगली आदमी ने कहा।

चरवाहा और घुड़सवार फ़क़ीर की बात एकाग्रता से सुन रहे थे। फ़क़ीर ने बात समाप्त करते हुए कहा, 'चन्दन हर स्थल पर पैदा नहीं होता, इसलिए यह बेशकीमती होता है...'

कुछ देर विश्राम करके केसर और फ़क़ीर उठे और आगे चल दिए। सही और ग़लत के अन्तर में उलझे केसर ने फ़क़ीर से पूछा, 'अगर कभी दोनों बातें ठीक दिखाई देती हों तो इन्सान किधर का रूख़ करे...?'

'दुविधा अक़्सर नुकसान ही करती है... निर्णय करना आवश्यक है...' फ़क़ीर ने समझाने की फ़िराक में एक कथा सुनानी आरम्भ की, 'एक बार भगवान का नाम लेने वाला एक इन्सान इसी दुविधा में था कि वृद्धावस्था की बाकी उम्र घर में रह कर गुज़ारे या काशी जाकर गुज़ारे...? इसी उधेड़बुन में रास्ते के बीचों-बीच चला जा रहा था। पीछे से एक तांगेवाला निकला और ऊँचे स्वर में चिल्लाया, 'एक तरफ़ हो जा

बाबा...' उस बुजुर्ग की आत्मा जागृत हो गई 'गुरुजी' से संबोधित करते हुए उस तांगे वाले ने उसके पाँव पकड़ लिए।

फ़कीर ने बात समाप्त की तो केसर के दिल में आया कि वह भी 'गुरुजी' का उच्चारण करते हुए फ़कीर के पाँवों को पकड़ ले।

❖ ❖ ❖

दिन-छब्बीसवाँ

तमाशबीन और शौक़ीन में, आशा और विश्वास में, पाताल और ज़मीन में, सपने और हक़ीक़त जितना अन्तर होता है।

(जीवित इन्सान प्रायः ही डूबता है...लाश तो हमेशा तैरती है)

आज हवा तेज़ गति से चल रही थी। उड़ती हुई रेत की सरसराहट केसर ने इससे पहले कभी नहीं सुनी थी।

रास्ते के दोनों तरफ़ झाड़ियों की भरमार थी और बेरों से लदे-फदे मल्हे थे। एकाएक एक विशाल साँप झाड़ियों में से निकल कर रास्ते पर पहुँच गया। केसर और फ़कीर दोनों रुक गए। केसर ने फ़कीर के डण्डे की तरफ़ हाथ बढ़ाया। फ़कीर ने केसर का प्रतिरोध किया। साँप धीरे-धीरे रेंगता हुआ रास्ते के दूसरी और वाली झाड़ियों में अदृश्य हो गया। केसरा थोड़ा भयभीत हो गया था।

'हमने साँप को मारा क्यों नहीं...? यह किसी अन्य राहगीर को डंसेगा किसी दिन...' केसर ने लगभग साँस थामते हुए कहा।

'सभी साँप ज़हरीले नहीं होते और अगर उसे कोई ख़तरा ना दिखे तो वो कभी नहीं डंसता...' फ़कीर ने कहा, 'हमें किसी के बारे में भी बनी-बनाई अवधारणा नहीं बना लेना चाहिए और ना ही बेकार में अटकलें लगा लेनी चाहिए ...' फ़कीर की भीतरी शक्ति की तहें धीरे-धीरे खुलने लगीं।

साईं जी... आपके साथ रहते हुए इतना लम्बा समय हो गया लेकिन...आजतक मैंने आपको कभी किसी में कोई ग़लती निकालते हुए नहीं देखा...' केसर फ़कीर के व्यक्तित्व से प्रतिदिन गहरे से प्रभावित हो रहा था।

फ़कीर ने क्षणिक चुप्पी के बाद कहा, 'पुत्तर...किसी को समझाने से पहले उसे जानना पड़ता है और किसी को जानने के लिए पहले अपनी सोच और अतीत के तजुरबों पर पड़ी धूल को साफ़ करना पड़ता है...'

कुछ देर के बाद फ़कीर फिर बोला, 'कोई रवायत, उसूल या निर्णय, किसी के लिए उचित तो किसी के लिए अनुचित हो सकता है...एक ही इन्सान किसी के लिए देवता तो दूसरे के लिए शैतान हो सकता है...'

फ़कीर ने बात जारी रखते हुए कहा, 'मुझे दो बोधि भिक्षुओं की एक कथा स्मरण हो रही है...एक बुज़ुर्ग और एक नवयुवक भिक्षु...दिन ढले वापस अपने मठ में लौट रहे थे...रास्ते में एक नदी पड़ती थी...नदी के किनारे पर खड़ी एक नवयौवना स्त्री ने भिक्षुओं से नदी पार करवाने के लिए सहायता की गुहार लगाई...बुज़ुर्ग भिक्षु उस औरत को नज़रअंदाज़ करते हुए नदी को पार करके दूसरी ओर चला गया...जबकि युवा भिक्षु को उस औरत पर रहम आ गया, क्योंकि रात पसरने वाली थी...उसने उस औरत को अपनी कमर पर बैठने का आदेश दिया और औरत को कन्धों पर उठाए नदी को पार कर लिया...'

दोनों भिक्षु फिर अपने मठ की तरफ़ चल दिए। बुज़ुर्ग भिक्षु नाराज़ था। वह पूरे रास्ते में कुछ भी ना बोला। मठ में पहुँचने के बाद जब वे दोनों अपनी-अपनी कुटिया की तरफ़ चलने लगे तो बुज़ुर्ग भिक्षु ने उसे कहा, 'तूने आज मर्यादा भंग कर दी... हम भिक्षुओं को किसी औरत को छूने पर प्रतिबन्ध है... हमारा विधान इसकी आज्ञा नहीं देता...'

युवा भिक्षु ने सिर झुकाते हुए नम्रता से कहा, 'मान्यवर... मैं तो उस औरत को नदी के किनारे पर उतार आया था... पर मुझे प्रतीत हो रहा है कि आप उसे अब भी अपने कन्धों पर उठाए फिर रहे हो...'

कहानी के समाप्त होते ही केसर और फ़कीर 'रोही' में सिर उठाए 'जंड' के दरख़्त के करीब पहुँच गए और वहीं विश्राम करने को रुक गए।

आज एक लटके हुए कानों वाला सफ़ेद रंग का कुत्ता दोपहर से ही दोनों के पीछे-पीछे चला आ रहा था। वे जब भी कहीं ठहरते तो वह भी ठहर जाता। जब चलने लगते तो वह भी चल पड़ता। जब दोनों 'जंड' की छाँव तले बैठे थे तो वह भी वहीं आकर बैठ गया। फ़कीर ने प्यार के कुत्ते के सिर को पलोसा। वह अगली टाँगों से रेंगते हुए फ़कीर के एकदम पास आ गया।

'तेरा दाना-पानी अब हमारे साथ ही लिखा हुआ लगता है... चल अपना कोई पुराना लेन-देन का हिसाब होगा...' फ़कीर ने उसके माथे को सहलाते हुए कहा।

कुत्ते की आँखें बंद थीं, जैसे वो फ़कीर की बातों को तल्लीनता से सुन रहा हो।

उसकी तरफ़ देखते हुए केसर को अपना बचपन में पाला हुआ कुत्ता स्मरण हो आया। थोड़े दिन पहले जन्मे पिल्ले को केसर, सर्दियों के हाड़ कंपकंपाते दिनों में

'रूड़ियों' से उठाकर घर में ले आया था। उसने ज़िद करके इस पिल्ले को घर में रखने की इजाज़त के लिए बेबे को रज़ामंद कर लिया था। बहुत प्यार से केसर ने उसका नाम 'बाज' रखा था, क्योंकि उसकी आँखें बाज की तरह तेज़ थीं। केसर ने उसकी बहुत देखभाल की, अपने हिस्से का दूध भी बेबे से चोरी छुपे उसे पिला देता। दिनों में ही वो पिल्ला बड़ा हो गया था। सारा दिन वो केसर के साथ रहता। हवेली में भी उसके साथ ही जाता। जीती भी बाज को बहुत प्यार करती।

एक दिन बहुत सवेरे बाहर गली में हुई खटर-पटर से बाज झट से दौड़ते हुए बाहर चला गया था और उसके बाद कभी घर नहीं लौटा था। केसर ने उसे बहुत तलाशा...कभी गाँव में तो कभी ख़ेतों में और कभी आसपास वाले गाँवों में, लेकिन वो फिर कभी नहीं मिला। केसर की रो-रो कर बुरी हालत हो गई थी। वह बराबर कितने महीने उदास रहा और फिर कभी कुत्ता पालने का उसका हौसला नहीं हुआ।

जब वे सोने लगे तो वो कुत्ता फ़कीर के पाँवों के पास पसर गया। केसर लेटे हुए कुत्ते को देखने लगा। उसकी सफ़ेद गर्दन पर काले रंग का चक्कत्ता, रात के अंधेरे में ऐसे प्रतीत हो रहा था, जैसे चाँद की परछाई हो। केसर की तन्द्रा कुत्ते से हटके चाँद की तरफ़ लग गई। चाँद पूरे यौवन पर था, लेकिन आकाश में तारा कोई इक्का-दुक्का ही दिख रहा था। केसर ने सोचा, यदि तारे ना भी दिखाई दें लेकिन छुपे तो आकाश ही में होते हैं। इसी तरह जो हमारे दिल के बहुत करीब होते हैं, अगर वे हमारी आँखों को दिखाई ना भी दें तो भी वे रहते तो दिल के करीब ही हैं ना।

इसी उधेड़बुन में वह ख़्यालों में पहले अपने गाँव में विचरने लगा और फिर धीरे-धीरे उसे नींद ने जकड़ लिया।

❖ ❖ ❖

दिन-सत्ताईसवाँ

कई लोग अपने अवगुणों का भी फ़ख़्र से बख़ान करने लगते हैं...जैसे कोई वृद्ध साँप जिसकी केंचुल ना उतरने से मोटी हो जाए और वह युवा साँपों को नग्न समझने लग जाए...

(अपनी अक़्ल और दूसरे की दौलत हमेशा बड़े प्रतीत होते हैं)

वे सुबह उठे तो लटके हुए कानों वाला कुत्ता पहले से ही उठके बैठा हुआ था। जब वे दोनों तैयार होकर चलने लगे तो कुत्ता भी साथ ही पीछे-पीछे चल पड़ा।

फ़कीर ने उस कुत्ते की तरफ़ देखते हुए केसर को बताया, 'बंटवारे से पहले, इस ओर हमारे पास भी एक कुत्ता होता था 'बीशा'... वो सारा दिन घर के साथ-साथ पूरा दिन ख़ेतों में भी मेरे साथ ही रहता... बंटवारे के दिनों जिस दिन हम सामान उठाए हुए स्टेशन की तरफ़ दौड़े तो 'बीशा' या तो कहीं घर में ही गया या रास्ते में कहीं बिछड़ गया...' बताते हुए फ़कीर का स्वर टूटने लगा था।

'इसे भी अब हम 'बीशा' ही कहा करेंगे...' फ़कीर की वाणी में उदासी और खुशी दोनों ही थीं। थोड़ी देर की चुप्पी के बाद फ़कीर फिर बोला, 'चाहे लोग बंट गए और जगहें भी बंट गईं... लेकिन... पशु-पक्षियों को कोई भी ना बाँट सका...'

केसर ने फ़कीर की तरफ़ देखते हुए कहा, 'बंटवारे की मार-काट का संत्रास झेल रहे बहुत-से लोगों को मैंने उदास ही देखा है, आप भी उसी त्रासदी के दौर से निकले हो... आपने भी बहुत कुछ गंवाया है... लेकिन...आप उदास रहने की बजाए लोगों की भलाई करके ही अपनी ज़िन्दगी बसर कर रहे हो... इसका रहस्य क्या है... साईं जी... ?'

'केसर पुत्तर... मुश्किलें और विपदाएं तो ज़िन्दगी का अंग हैं... मुश्किलों की भट्ठी में तपते हुए इन्सान राख़ नहीं...बल्कि सोना बनता है...जैसे आलू, अण्डा और

चायपत्ती को हम पानी में उबालें तो थोड़ी देर के बाद आलू नरम हो जाएगा, अण्डा सख़्त हो जाएगा और चायपत्ती पानी को अपने रंग में तब्दील कर देगी...'

'केसर पुत्तर जैसी हमारी प्रवृति होती है, वैसे ही कार्यों को अंजाम देते हैं... जो कार्य हम बार-बार करते हैं...वही हमारी आदत हो जाते हैं... हमारी आदतें स्वभाव में तब्दील हो जाती हैं और स्वभाव हमारे चरित्र का आधार होता है...' फ़कीर ने बहुत गहरी बात केसर को धीरे-धीरे समझाई।

'इसका मतलब यह हुआ कि सभी कुछ हमारी प्रवृति और हमारी आदतों पर ही निर्भर करता है...' केसर ने सोचते हुए कहा।

'बिल्कुल सही कहा जवान... इसीलिए हमें निकृष्ट आदतों को शुरू में ही रोक लेना चाहिए... जब आदतें परिपक्व हो जाती हैं, फिर इन्हें त्यागना असंभव हो जाता है...'

'वो कैसे...?' केसर ने समझने के प्रयास में पूछा।

'दरिया को पार करना सबसे आसान उस स्थान पर होता है...जहाँ से उसकी शुरूआत होती है...' फ़कीर ने समझाया।

'उस बूटी को उखाड़ कर ला...' फ़कीर ने रास्ते के साथ सब्जी वाले ख़ेत की तरफ़ संकेत करते हुए आदेश दिया। केसर झट से बूटी को उखाड़ कर ले आया।

'अब उस मूली को उखाड़ कर ला...' फ़कीर के आदेश से केसर मूली को उखाड़ने लगा। थोड़ा समय लग गया लेकिन कुछ देर बाद केसर मूली भी उखाड़ कर ले आया।

'अब वो करीर का दरख़्त उखाड़ के ला...' फ़कीर ने आदेश दिया। उसकी बात अब केसर की समझ में आ गई थी।

'हम 'आज' क्या करते हैं, यह निर्धारित करता है कि हमारा आने वाला 'कल' कैसा होगा... दूर जाना हो तो धीरे-धीरे चलते रहना चाहिए...' फ़कीर ने जैसे सौ गज के रस्से के सिर पर गाँठ बाँध दी थी।

रात बिताने के लिए जगह तलाशते हुए अंधेरा गहराने लगा था। आख़िर दो-तीन दरख़्तों के बीच बना एक चबूतरा-सा दिखाई दिया और दोनों वहाँ ठहर गए।

'बीशा' दोनों के मध्य बैठे हुए नाख़ुनों से ज़मीन को खुरचने में मग्न था। केसर यह देखके हैरान हो रहा था कि वो एक दिन में ही दोनों के साथ घुल-रच गया था, जैसे हमेशा से ही उनके साथ रह रहा हो।

कुछ देर उपरान्त धीरे-धीरे चलते हुए वहाँ एक आदमी आया और दोनों से कुछ दूर आकर लेट गया। केसर और फ़कीर धीरे-धीरे अपनी बातें करते रहे ताकि उसकी नींद में कोई बाधा ना पड़े।

थोड़ी देर के बाद वह आदमी उठा, थोड़ा इधर-उधर घूमा और फिर आकर लेट गया। यह प्रक्रिया उसने दो-तीन बार दुहराई।

'नींद नहीं आ रही है, बरख़ुरदारा...? सभी कुशल-मंगल से तो है ना...?' फ़कीर की बातों में हमदर्दी थी।

'बस... कुछ नहीं बाबा जी...' इतना कहते हुए वह चुप्प हो गया। थोड़ी देर के बाद उसने कहा, 'कल सवेरे फ़ौजदारी मुकद्दमें की तारीख़ है.

...बस उसी के फ़ैसले की ही चिन्ता है... मुझ पर बहुत बड़े कुनबे का बोझ है...'

कुछ देर की चुप्पी के बाद फ़कीर उसके पास जा बैठा, 'फ़िक्र करने से कौन-सा कल को होने वाला फ़ैसला बदल जाएगा... उस बात की चिन्ता करने से कोई फ़ायदा नहीं, जो हमारे वश में है ही नहीं...' फ़कीर ने उसे समझाते हुए कहा और बात जारी रखी।

'गबरूआ... अगर तेरा मन माने तो उस फ़ैसले के लिए आज रात को ही स्वयं को तैयार कर ले... जिस फ़ैसले का तुझे भय है...देखना तू भीतर से और भी पुख़्ता हो जाएगा... चिन्ता ने तो नुकसान के सिवाए कुछ नहीं देना...' कहते हुए फ़कीर ने उसका शीश पलोस लिया।

'भय और चिन्ता दरअसल हमारे ही मन की उपज है... जितनी इज़्ज़त की कामना होगी, उतनी ही बेइज़्ज़ती का भी भय होगा... जितनी फ़ायदे की खुशी होगी, उतना ही नुक़सान होने का दुःख...' फ़कीर की बात सुनके, उस आदमी ने 'हाँ' में सिर को ऐसे हिलाया जैसे कि खुद को ही कुछ समझा रहा हो।

'अगर एक रास्ता बंद हो जाए तो परमात्मा कई दरवाज़े ख़ोल देता है...अगर मुकद्दमों का फ़ैसला तेरे हक़ में ना भी हुआ तो ज़िन्दगी तो नहीं ख़त्म हो जाएगी... कुछ खो देने से कई बार आदमी और भी शक्तिशाली हो जाता है, क्योंकि फिर उसे किसी भी अनहोनी का डर नहीं रहता...'

'अब तू बेफ़िक्र होकर सो जा... मैं परमात्मा के आगे तेरे लिए प्रार्थना करूँगा...' फ़कीर ने उसकी पीठ थपथपाई।

केसर और बीशा उनकी तरफ़ चुपचाप देख रहे थे। सामने एक परछाईं हिलती हुई प्रतीत हो रही थी। केसर ने एक ही बार में कितना कुछ सोच डाला। रात की आगोश में सृष्टि बेफ़िक्र हुई नींद की बाँहों में समा गई थी।

❖ ❖ ❖

दिन-अठाईसवाँ

वक़्त के साथ दुःख कम नहीं होता, बस दुःख सहने वाले का जिगर बड़ा हो जाता है

(सिर का बोझ पाँवों को ढोना पड़ता है)
(अधिक हंसने वाले शख़्स अक़्सर भीतर के दुःख को छुपा रहे होते हैं)

चलते-चलते केसर और फ़कीर ने रास्ते के साथ पड़ते ख़ेतों में एक पुराने आम के पेड़ को उखड़े हुए देखा। उस उखड़े हुए पेड़ के पास एक बुज़ुर्ग बैठा हुआ था जो बहुत उदास दिखाई दे रहा था। फ़कीर ने उसे उदासी का कारण पूछा तो उसने बताया, 'कल हमारा यह पुराना आम का पेड़ अचानक ही गिर गया... आँधी इतनी तेज़ भी तो नहीं थी... आम के पेड़ को मेरे बापू ने अपने हाथों से रोपा था... मैंने बचपन से ही इसकी छाँव को भोगा और खूब आम चूसे थे... ऐसे लग रहा है जैसे मेरे परिवार का ही कोई जीव चला गया हो...' बुज़ुर्ग ने अपने गीले हुए कोरों को पोंछते हुए कहा।

'बात तो बहुत दुःख वाली है, लेकिन हो सकता है... इसमें कोई भलाई वाली बात छुपी हो...' फ़कीर ने बुज़ुर्ग के कन्धे पर हाथ रखकर उसे ढांढस बंधवाते हुए कहा।

'नहीं...! इसमें भलाई वाल बात भला क्या हो सकती है...?' बुज़ुर्ग फ़कीर की बात को समझने का प्रयास कर रहा था।

फ़कीर ने बुज़ुर्ग को अपने पास बैठाते हुए कहा, 'एक बार किसी गाँव में एक आदमी अपने नौजवान पुत्तर के साथ रहता था। एक दिन उनके घर में कोई बहुत ही ख़ूबसूरत सफ़ेद रंग वाला घोड़ा चलते-चलते आ गया। गाँव के लोग घोड़े को देखने उमड़ पड़े और उसे बधाइयाँ देने लगे।'

उस आदमी ने प्रसन्नता प्रकट करते हुए कहा, 'अच्छा हुआ है या बुरा... यह तो आने वाला वक़्त ही बताएगा...'

सफ़ेद रंग वो घोड़ा राजा के घुड़साल से चोरी हुआ था। राजा के सिपाही घोड़े को तलाशते हुए उस आदमी के घर तक पहुँच गए। उन्होंने उसके जवान पुत्तर को चोर जानकर, उसे खूब पीटा। इस मार-धाड़ में उसके पुत्तर के बाज़ू टूट गई।

गाँव के लोग अब उसके घर सांत्वना देने आने लगे। उस आदमी ने फिर दुहराया, 'अच्छा हुआ या बुरा... यह तो आने वाला वक़्त ही बताएगा...।'

दूसरे दिन राजा के सिपाही, गाँव के नवयुवकों को फ़ौज में जबरन भर्ती करने आ गए, क्योंकि पड़ोसी राज्य के साथ जंग शुरू हो गई थी। वे उसी आदमी के जवान लड़के को छोड़ गए, क्योंकि उसकी बाज़ू टूटी हुई थी।

फ़कीर की बात सुनकर बुज़ुर्ग के दोनों हाथ जुड़ गए। उसने कुछ क्षण सोचने के बाद कहा, 'इस आम के पेड़ के नीचे अक़्सर राहगीर आराम करने बैठ जाया करते थे... मैं भी हर रोज इसकी छाँव तले कुछ देर आराम करके ही घर जाता था। गनीमत है कि यह दरख़्त रात के समय गिरा, कहीं दिन को इसके नीचे बैठे राहगीरों के ऊपर नहीं गिर गया।

बुज़ुर्ग अब इतना उदास नहीं लग रहा था। केसर और फ़कीर आगे चल पड़े।

'जो कुछ भी घटित हो रहा है, वो हमारे वश में नहीं है। लेकिन उस घटना के बारे में क्या सोचना है, यह फ़ैसला हमारा अपना है।' फ़कीर ने केसर को समझाया।

फ़कीर की बात सुनकर केसर को महसूस हुआ कि कई बातें हमें क़िस्मत पर छोड़ देनी चाहिए... अगर क़िस्मत में हुआ तो वह जीती का हाथ अवश्य ही हासिल कर सकेगा। क़िस्मत के चक्करों के बारे में सोचते हुए, उसे गाँव वाले कान्ते लंगड़े का स्मरण हो आया, जिसकी एक टांग बचपन में पोलियो के कारण छोटी रह गई थी। लंगड़ा होने के कारण कान्ते का ब्याह नहीं हो पा रहा था।

उसी समय पड़ोस वाले गाँव की एक लड़की को उसके ससुराल वालों ने कुलच्छणी होने का लांछन लगाकर उसका परित्याग कर दिया था, क्योंकि ब्याह के थोड़े दिनों के बाद ही उसके ससुर का देहांत हो गया था और उसके बाद घर में चोरी भी हो गई थी। परित्यक्ता होने का कंलक लगने से उसके दूसरे ब्याह में दिक्कत आ रही थी। कान्ते ने इस हालात में उस लड़की से ब्याह रचा लिया। ब्याह के बाद, कान्ते के दिन फिरने लगे। लड़की की सूझ और दूरदर्शिता से ससुराल वालों की ज़मीन और कान्ते के परिश्रम से, कान्ता लंगड़ा कुछ ही सालों में 'सरदार कुलवंत सिंह' के नाम से जाना जाने लगा।

अंधेरा गहराने लगा था। वे रातभर विश्राम के लिए उचित स्थान तलाशने लगे। एक सपाट-सी जगह देख दोनों ने आसन बिछा लिया।

'बीशा' भी पास ही पसरे हुए सुस्ताने लगा।

सृष्टि की निद्रा की तैयारी में थी। आसन बिछाकर बैठे हुए फ़कीर की दूध की तरह सफ़ेद माला अंधेरे में दमक रही थी। 'बीशा' केसर के पास सुस्ता रहा था और केसर तारों के झुटपुटे में अपने गाँव की गलियों को ढूँढ रहा था।

रेगिस्तान जाग रहा था... रात के अंधेरे में हवा, रेत के नये टीलों के निर्माण और पुराने टीलों को तहस-नहस करने में मग्न थी। सभी कुछ तब्दील हो रहा था, हर क्षण बदलते हुए ब्रह्मण्ड की हर चीच की तरह... शायद यही सृष्टि का दस्तूर था।

केसर की आँखों में नींद की जगह, बापू के ख़्यालों की धमाचौकड़ी मची थी। उसे 'गरना साहब' के बैसाखी के मेले की याद आने लगी थी, जिसका उसने बापू के कन्धों पर चढ़े हुए बचपन में खूब आनन्द लिया था। उस दिन बापू ने लकड़ी का बना हुआ छोटा-सा ट्रक लेकर दिया था... खेलने के लिए। केसर को अपने कंधों पर बैठाए हुए उसने कहा था, 'केसरा... तू अपने कंधों को मेरे लिए संभाल कर रखना।' बापू के इन बोलों को स्मरण करते हुए केसर लगभग रूलाई में डूबने लगा... काश...! मेरा बापू कुशल-मंगल हो...ना जाने... लकड़ी के ट्रक पर चढ़े हुए वह कहाँ चला गया...!

❖ ❖ ❖

दिन-उन्नतीसवाँ

आँखें तो जन्मते ही देखने लगती हैं... लेकिन... इन्हें खुलते-खुलते कई बार तो कई जन्म लग जाते हैं...

(अगर दिशा का चयन ग़लत हो तो तेज़ रफ़्तार
भी किसी काम की नहीं होती)

पौ फूटते ही फ़कीर का ध्यान, पास ही सोये एक ठिगने क़द वाले और भरकम देह वाले आदमी की तरफ़ पड़ा।

'रब्ब के बंदे तू कब आया, रात को तो पता ही नहीं चला...?' फ़कीर ने उस अपरिचित आदमी से पूछा।

'रात को आपको सोते हुए देख, मैं भी यहीं सो गया था। अब मैं जैसलमेर जा रहा हूँ।' उसने उत्तर दिया।

'जैसलमेर...? इतनी दूर क्या काम पड़ गया...?' फ़कीर ने पूछा।

'सुना है, वहाँ एक हक़ीम उम्र लम्बी करने की दवा देता है।' उसने अपनी जैसलमेर जाने की वजह बताई।

'अच्छा... अब तक तूने अपनी ज़िन्दगी में कितनी भलाई की कमाई की है...?' फ़कीर ने पूछा।

'कुछ खास नहीं...' उस आदमी ने उत्तर दिया।

'फिर और उम्र बढ़ाकर तूने क्या करना है...?' फ़कीर ने उसे समझाते हुए पूछा।

फ़कीर की बात सुनकर वह आदमी कुछ नहीं बोला। अपना सामान समेटते हुए, अपने रास्ते हो लिया।

'जे जुग चारे आरजा होर दसूनी होए...' फ़कीर ने अलापते हुए कहा।

फ़कीर की वाणी सुनकर केसर की नींद खुली। 'बीशा' भी चौकस हुए बैठा था। शीघ्र ही तैयार होकर तीनों अपनी मंज़िल पर चल पड़े। थोड़ा आगे जाकर एक शहर आया, जहाँ खूब चहल-पहल थी। लोग अपने नित्य के कामों के लिए घर से निकल रहे थे और दुकानें अभी खुल रही थीं। रेहड़ियों वाले अपनी रेहड़ियों को श्रृंगार रहे थे और बच्चे स्कूल जा रहे थे।

'नौजवान... मैं देख रहा हूँ कि तू आज सुबह से ही चुप है, सब ठीक से तो है ना...?' फ़कीर ने उधेड़बुन में उलझे हुए केसर से पूछा।

'ठीक हूँ मैं... साईं जी... बस यही सोच रहा हूँ, अगर मेरा जन्म भी ऐसे ही शहर में हुआ होता तो इन बच्चों की तरह खूबसूरत पोशाकें पहने हुए, मैं भी स्कूल जाया करता। यहाँ के लोग कितने ख़ुश दिखते हैं, जैसे किसी मेले में विचर रहे हों...' केसर ने इधर-उधर झाँकते हुए कहा।

फ़कीर ने मुस्कुरा कर कहा, 'मैं तुम्हें एक कौवे और हंस की कहानी सुनाता हूँ... जंगल में एक दिन, एक चिड़िया ने देखा कि एक कौवा चुपचाप डाली पर बैठे उदास दिखाई दे रहा था। चिड़िया ने उसे उदासी का कारण पूछा तो कौवे ने कहा कि मुझे ना तो अपना रंग पसन्द है और ना ही अपनी आवाज़। हंस कितना सुन्दर पक्षी है। कितना अच्छा होता, अगर मैं भी हंस होता।'

'चल... हम हंस के पास चलते हैं...' चिड़िया ने कौवे से कहा। दोनों ने हंस के पास जाकर कौवे वाली व्यथा सुना दी।

हंस ने कौवे की तरफ़ देखकर कहा, 'कभी मोर को नाचते हुए देखा है...? मोर के पंख कितने खूबसूरत होते हैं। लोग मोर के पंखों को धार्मिक ग्रंथों पर झुलाते हैं। काश...! मैं भी मोर होता।'

चिड़िया ने हंस की बात सुनकर कहा, 'चल... फिर हम मोर के पास चलते हैं...' अब तीनों ने मोर के पास जाकर सारा वृतान्त सुनाया।

मोर ने कुछ देर सोचते हुए, उदास स्वर में कहा, 'ना तो मैं बहुत ऊँचा उड़ सकता हूँ और ना ही मेरे पाँव सुन्दर हैं। चलते हुए भी मुझे शर्म आती है। मैं तो कौवे की तरह बहुत ऊँची उड़ाने भरना चाहता हूँ। कितना अच्छा होता कि अगर मैं एक कौवा होता।' कौवा मोर की बात सुनकर आश्चर्य चकित हो गया। चिड़िया ख़ुश थी, क्योंकि उसका कौवे को समझाने का उद्देश्य पूरा हो गया था।

'इसलिए जवान... परमात्मा ने हर एक को कोई न कोई गुण प्रदान करके, किसी खास मकसद के लिए ही दुनिया में भेजा है। गुणों में ही सुन्दरता है और दूसरों

के काम आना हमारा मकसद है। इसी मकसद में ख़ुशियों का ख़जाना छुपा हुआ है।' फ़कीर ने ज़िन्दगी का सारांश केसर को सुना दिया।

फ़कीर की दूसरों के काम आने वाली बातें सुनकर केसर को अपने गाँव के कई रीति-रिवाज़ों के पीछे छुपे गूढ़ रहस्य अब समझ में आने लगे थे। गाँव में जब किसी की मृत्यु हो जाती तो बेबे कई दिनों तक मातम वाले घर में दाल-रोटी घर से बनाकर देने जाती रहती थी। केसर को अब समझ आ रहा था कि सोते वक़्त बेबे 'सरबत का भला' क्यों माँगती रहती थी...

'आजकल दुनिया बहुत तेज़ी से तब्दील हो रही है, सभी को आपाधापी पड़ी है... लोग भी अब पहले जैसे नहीं रहे।' यह बात केसर ने गाँव वाली चौपाल में कई बार सुनी थी...

'कलियुग है भाई... कौन किसी के काम आता है आजकल...? लोगों की अक्ल पर पर्दा पड़ा है। लोग अपने फ़र्ज भूलते जा रहे हैं आजकल।' फ़कीर ने कहा।

गहरी अंधेरी रात की सरसराहट को 'बीशे' की भौंकने की आवाज़ ने झिंझोड़ा। उसकी आवाज़ सुनकर एक अन्य कुत्ते की आवाज़ आई। केसर 'बीशे' को चुप कराने लगा तो फ़कीर ने उसे रोक दिया, 'भौंकते हुए कुत्ते को कभी चुप नहीं करवाते... कहते हैं कि कुत्तों को रात के अंधेरे में भी दिखाई देता है। सब अपना-अपना काम कर रहे हैं।'

केसर की सोच जैसे शरीर से बाहर निकलकर ब्रह्मण्ड में विचरने लगी थी... उसे महसूस हुआ कि 'रब्ब' का साम्राज्य उसकी समझ से बहुत दूर है और आँखों से ओझल। ख़्यालों से भी आगे...

उसे फ़कीर की आज दिन के वक़्त कही बात स्मरण हो आई... कोई भी सच अन्तिम सच नहीं होता...

...फिर इन्सान का 'अन्तिम सच' क्या है?... केसर ख़्यालों में उलझने लगा था।

❖ ❖ ❖

दिन तीसवाँ

पीड़ा समझदारी के द्वार खोल देती है और अवसाद ख़्यालों को पंख लगाकर उड़ानें भरना सिखा देता है...

(...खूबसूरत फूल कभी मीठे फ़लों का आकार ग्रहण नहीं करते)

केसर और फ़कीर चलते-चलते अपने से आगे चल रहे एक तोंदियल सेठ के पास जा पहुँचे। सेठ धीरे-धीरे नंगे पाँव ही चल रहे थे।

एक ऊँट तथा दो नौकर भी उनके साथ चल रहे थे। पूछने पर ज्ञात हुआ कि सेठ ने अपने दुःखों के निवारण हेतु किसी पीर की दरगाह पर मनौती माँगी हुई है... बराबर एक साल भर के लिए नंगे पाँव आकर माथा टेकने की।

केसर और फ़कीर ने उनसे आगे निकलकर अपने मन की बात साझा की, 'कई लोग इतनी सुख-सुविधाओं के होते हुए भी दुःखी रहते हैं और कई टप्परवास लोग अक़्सर ही ख़ुश देखे गए हैं।'

फ़कीर ने हाँ में सिर हिलाते हुए कहा, 'पैसा तो ज़िन्दगी बसर करने की एकमात्र सुविधा है। यह स्थायी रूप में ख़ुशी नहीं प्रदान कर सकता। ख़ुशी तो मन की शान्ति में ही निहित है और शान्ति सब्र का नाम है और 'रब्ब' की रज़ा में रहना ही संतुष्टि है।' फ़कीर ने एक कथा सुनानी शुरू की, 'एक चक्रवर्ती राजा का इकलौता पुत्तर था, जो हमेशा उदास ही रहता था। बहुत से दानिशमंदों से मशविरा किया। किसी ने रानी को मशविरा दिया कि अगर राजकुमार को उस आदमी की कमीज़ पहनाई जाए जो हमेशा ही प्रसन्न रहता हो तो राजकुमार की ख़ुशी वापस लौट सकती है।'

रानी के आग्रह पर राजा हर वक़्त ख़ुशी में मग्न रहने वाले इन्सान की तलाश में निकल पड़े। उसने बहुत से लोगों से पूछताछ की, किसी ने एक अमीर व्यापारी के बारे में जानकारी दी तो राजा तुरन्त उसे मिलने पहुँच गया। राजा ने उससे पूछा, 'क्या तुम

सदा ही प्रसन्न रहते हो...?' अमीर व्यापारी ने बताया, 'नहीं शहंशाह... रात को इसी फ़िक्र में नींद नहीं आती कि कहीं मेरी दौलत चोरी ना हो जाए।'

राजा ने और भी बहुत तलाश की, जब कोई भी ऐसा इन्सान ना मिला तो राजा निराश होकर वापस अपने महलों में लौटने लगा। उसे रास्ते में एक फ़कीरनुमा आदमी दिखाई दिया जो एक पुराना कम्बल ओढ़े हुए बैठा था। वह बहुत प्रसन्नचित्त दिखाई दे रहा था। राजा ने उससे पूछा, 'क्या वह हमेशा ऐसे ही ख़ुश रहता है...?'

'हाँ... दुःखी रहने की कोई वजह है ही नहीं...' उस गरीब आदमी ने हंसते हुए उत्तर दिया। राजा उसके उत्तर से बहुत ही प्रसन्न हुआ।

'मुझे तेरी कमीज़ चाहिए... तुम्हें मुँह माँगी क़ीमत अदा की जाएगी...' राजा ने कहा।

'कौन-सी कमीज़...?' ग़रीब आदमी ने पूछा और ठहाका लेते हुए ओढ़ा हुआ कंबल उतार दिया। वह जिस्म से नंगा था।

सुकून और ख़ुशी के बारे हुई बातें सुनकर, केसर जीती के बारे सोचने लगा, जिसकी एक झलक ही केसर के सारे दिन में ख़ुश रहने को बहुत थी। जीती की याद जैसे अक़्सर केसर के साथ ही सोती थी। उठते-बैठते ही केसर के समक्ष जीती का चेहरा मंडराने लगता और फिर पूरा दिन उसके साथ ही रहता।

केसर को स्मरण हो आया... कि वह रोज हवेली को जाते वक़्त... पहले बैठक वाले आईने में अपना चेहरा निहार कर चितकोबरे रंग वाला गमछा दोबारा बाँध कर ही घर से निकलता था।

'तू कौन-से मेले में जा रहा है आज...?' बेबे ठिठोली करते हुए अक़्सर उसे कहती लेकिन केसर हमेशा बेबे से आँख चुरा के, बाहर निकल जाने की फ़िराक में रहता।

'दूध पीना ना भूल जाना पुत्तर... गरम करके रख दिया है रसोई में। सारा दिन काम करता रहता है तू।' बेबे की आवाज़ में विनय भाव होता था। केसर जीती को देखभर लेने की फ़िराक में सभी कुछ भूल जाता, यहाँ तक कि दूध पीना भी। बेबे पीछे से चिल्लाती रहती।

जीती का ख़्याल ज़हन में आते ही उसे बेरों वाली बात स्मरण हो आई। एक बार केसर मलेओं की बेरी में से जीती के लिए मीठे-मीठे बेर तोड़ के लाया। हवेली की तरफ़ जाते वक़्त सभी से आँख चुरा के, उसने छत पर खड़ी हुई जीती को इशारा करके बेर दरवाज़े के ऊपर से भीतर फेंक दिए।

कई दिनों के बाद जब बातचीत करने का अवसर मिला तो केसर ने पूछा, 'बेर कैसे लगे... मीठे थे ना...?'

'ले... कहाँ...!' जीती ने उदासी ओढ़ते हुए कहा, 'वो तो मेरे नीचे आने से पहले ही हमारी बकरी ने चट कर दिए थे।' केसर को जीती के मासूम चेहरे की तरफ़ देख कर उस दिन खूब हंसी आई थी।

...और आज वही बात याद कर केसर का दिल जैसे धड़कना ही भूल गया। वह कितनी देर ही ख़ुशी और ग़मी के रहस्य में लापता-सा हुआ रहा।

केसर की अधखुली आँखें आसमान को निहारने लगीं। उसे स्मरण हुआ कि एक दिन जीती ने पूछा था, 'अगर हम कभी बिछुड़ गए तो दिन कैसे गुज़रा करेंगे...?'

'मैं तो रांझे की तरह तुम्हारी भैंसों को चरवाने आ जाऊँगा।' केसर ने उसे हंसाने की कोशिश की... जब मैं तुम्हारी यादों के गलियारे में खड़ा रहूँगा तो दिन भी खदु-ब-खुद ही निकल जाया करेंगे...'

'एक काम करेगा...?' जीती ने केसर की तरफ़ देखते हुए पूछा।

'क्या...?'

'अगर कभी हम बिछुड़ भी गए तो ध्रुव तारे को निहारा करेंगे...शायद हमें भी ध्रुव की तरह अमर हो जाने का वरदान मिल जाए।' कहते हुए जीती का हाथ केसर के हाथ की तरफ़ बढ़ गया।

दूर कहीं कोई कुत्ता भौंका और आवाज़ सुनके बीशा भी उठ खड़ा हुआ। केसर अनमने से चौंक उठा और ख़्यालों की कन्दरा से बाहर निकल आया... उसका ध्यान फ़कीर की तरफ़ हो गया...

फ़कीर सफ़ेद धागों वाली माला हाथ में पकड़े और शान्तचित्त हुए समाधि लगाए बैठ गया था... ख़ुशी और ग़मी की अनन्त सीमा के पार...

❖ ❖ ❖

दिन-इक्कतीसवाँ

सत्य के पथ पर नहीं, सत्य के साथ चलना होता है...सत्य को तलाशा नहीं जाता, सत्य को देखा जाता है।

(...और कोई भी सत्य...अंतिम सत्य नहीं होता)

गरमी का प्रकोप बढ़ गया था। रेतीले रास्ते तपने लगे थे। केसर ने थैले में से जूती निकाल के पाँवों में डाल ली थी। पीछे से एक बैलगाड़ी वाले ने फ़कीर को अभिवादन करते हुए अपनी गाड़ी में बैठने का आग्रह किया। वे दोनों गाड़ी पर अंगोछा बिछाकर चालक के पीछे बैठ गए। पुरानी हो गई गाड़ी के पहियों की आवाज़ में एक अद्भुत लययुक्त संगीत था।

'तेरे बैलों की जोड़ी बहुत खूबसूरत है...' फ़कीर ने गाड़ी की तरफ़ देखते हुए कहा।

'हाँ... काला और गोरा... ये दोनों घर में ही पले-बढ़े हैं। अगर मेरे पास एक बैल और हो तो मेरा काम कुछ आसान हो जाएगा।' चालक ने काले बैल की पीठ पर हाथ फ़िराते हुए कहा।

फ़कीर ने मुस्कुराते हुए कहा, 'अगर तुम्हें तीसरा बैल मिल गया, तब तुम चौथे की ख़्वाइश करोगे...' तीनों हंसने लगे। फ़कीर ने एक कहानी सुनानी शुरू की, 'एक बार एक चल रहे साधु ने, रास्ते में बैठे एक उदास-से नौजवान से उसकी उदासी का कारण पूछा तो उसने बताया, 'तीन हफ़्ते पहले मेरे दादा ही मृत्यु हो गई थी, वह मेरे लिए पाँच एकड़ ज़मीन छोड़ गया है...'

'अच्छा तो दादा के स्वर्ग सिधारने के कारण तुम उदास हो...?' साधू ने पूछा।

'नहीं तो, उसने तो उम्र के मुताबिक एक दिन जाना ही था, पर मेरा हिस्सा तो दस एकड़ बनता था। ख़ैर... उसके अगले हफ़्ते मेरे नाना की मृत्यु हो गई, वह मुझे

अपनी घोड़ी दे गया। फिर... पिछले हफ़्ते मेरी नानी की भी मृत्यु हो गई तो वह मेरे लिए पाँच हजार रुपए छोड़ गई।' उस नौजवान ने नज़रें झुकाए, उदास होते हुए कहा।

'हाँ भाई... इतनी मौतें परिवार में, वो भी एक के बाद एक। इन्सान उदास तो होगा ही।' साधु ने सोचते हुए कहा।

'दरअसल बात यह नहीं है...' नौजवान ने कहा।

'तो फिर क्या बात है...?' साधु ने पूछा।

'इस हफ़्ते किसी की भी मृत्यु नहीं हुई।' नौजवान ने नज़रें झुकाए हुए उत्तर दिया। उसकी बात ख़त्म हुई तो तीनों हंसने लगे।

फ़कीर ने बात को जारी रखा, 'बात तो यह हंसने वाली ही है लेकिन इसका अर्थ गहरा और सच्चा है। एक इच्छा को पूरी करो तो दूसरी तैयार हो जाती है। जैसे कहावत है ना... माँ मरी तो बेटी जन्मी, परिवार उतने का उतना।'

'रब्ब हमें बहुत-सी नेमतें बख़्श कर इस संसार में भेजता है, लेकिन हमारा ज़हन सिर्फ़ उसी चीज के लिए ललचाता है जो हमारे पास नहीं होती।' फ़कीर ने बात जारी रखते हुए कहा, 'जैसे एक बार एक ग़रीब आदमी ने राजा के पास जाकर फ़रियाद की, 'जहांपनाह... मैं बहुत ग़रीब हूँ, मेरे पास कुछ भी नहीं है। कुछ सोने की मुहरें मिल जाएं तो मेरा गुज़ारा अच्छे से हो जाएगा।'

'राजा ने कहा, 'अगर तू अपना एक हाथ काट कर मुझे दे दे तो मैं तुम्हें सोने की सौ मुहरें दे दूंगा।'

'मैं अपना हाथ काट के कैसे दे सकता हूँ...?' उस ग़रीब आदमी ने कहा।

'क्या तुम्हारे हाथ की कीमत सौ मुहरों से भी ज़्यादा है...?' राजा ने पूछा।

'हाँ जी... बिलकुल' ग़रीब ने उत्तर दिया।

'फिर तू कैसे सकता है कि तेरे पास कुछ भी नहीं है...?' राजा ने उत्तर दिया।

फ़कीर ने बात जारी रखते हुए कहा, 'हमारी हालत अरब के उस इन्सान जैसी है, जो मस्जिद में नमाज़ पढ़ने गया, अपने ऊँट को बाहर खुला ही ख़ुदा के सहारे छोड़ आया था। जब वह नमाज़ अता करके बाहर आया तो ऊँट को वहाँ ना देखके ख़ुदा से उलाहना करने लगा था। हम भूल जाते हैं कि हमें अपने ऊँट को तो स्वयं ही बाँध कर रखना पड़ेगा। अगर 'रब्ब' ने रोटी बख़्शी है तो निवाला तोड़ के मुँह में तो स्वयं ही डालना पड़ेगा ना...'

'बातों-बातों में मुझे उस भक्त की याद आ गई' फ़कीर ने बात जारी रखते हुए कहा, 'जो दिन-रात रब्ब की भक्ति करते हुए, यही अरदास कर रहा था कि उसकी लॉटरी लग जाए। आख़िर एक दिन 'रब्ब' ने साक्षात सामने आकर कहा, 'तेरी भक्ति कबूल हुई। तुम्हें अब एक काम करना होगा।'

'कौन-सा काम...?' भक्त ने पूछा।

'रब्ब' ने कहा, 'जा... पहले जाकर टिकट तो ख़रीद के ला।' तीनों हंसने लगे थे।

फ़कीर ने बात जारी रखी, 'कहने का अभिप्राय यह है कि 'रब्ब' की नेमतों की मौजूदगी हमारे आसपास हर ओर है। हमें जो उचित लगती हैं, वही हमारी क़िस्मत का हिस्सा बनती हैं...'

'जैसे कि एक बार एक आदमी दुनिया के झमेलों से मुक्ति पाने के लिए भक्ति करने जंगलों में प्रस्थान कर गया। जंगल में चलते-चलते उसने एक घायल हुए हिरण को देखा, जो चलने में असमर्थ था। किसी शिकारी के तीर से उसकी पीछे वाली टांग हरकत नहीं कर रही थी। कुछ देर बाद एक हाथी, उस हिरण के सामने हरे-पत्तों की टहनियाँ खाने को रख गया। इस तरह वो हाथी हर रोज हिरण के लिए चारा लाने लगा। वह इन्सान भक्ति करते हुए, यह सब दृश्य देखता रहा। कुछ दिनों के उपरान्त हिरण तंदरुस्त हो गया और जंगल की तरफ़ चला गया।

परमात्मा पर अटूट आस्था रखने वाले उस व्यक्ति ने सोचा कि अगर परमात्मा ज़ख्मी हिरण को खाना प्रदान कर सकता है, तो वह मेरे भूखे पेट को भी भरेगा, क्योंकि मैं नित्य ही उसकी आराधना करता हूँ... तो वह वहीं बैठ हुए खाने की प्रतीक्षा करने लगा। बहुत दिन गुज़र गए, लेकिन कोई ना आया वहाँ। वह व्यक्ति बहुत ही जर्ज़र हालत में आ गया। एक साधु वहाँ से गुज़रा तो उसने उस निढाल पड़े उस व्यक्ति को उठाकर पानी पिलाया और उसे इस हालत का कारण जानना चाहा... उस आदमी ने साधु को हाथी और हिरण वाला वृतान्त सुना दिया।

साधु ने कुछ क्षण सोचते हुए उस आदमी से पूछा, 'तू लाचार हिरण बनके मोहताज़ क्यों बना रहा...? सहायता करने वाला हाथी क्यों नहीं बना??'

फ़कीर की बात सुनके, उस बैलगाड़ी वाले ने कहा, 'बात तो एकदम सही है। अपनी क़िस्मत की लगाम अपने हाथ में ही होती है।' बीशा कभी बैलगाड़ी के आगे तो कभी पीछे भागते हुए ख़ुश दिखाई दे रहा था, जैसे उसे भी फ़कीर की बात समझ में आने लगी हो।

वे थोड़ी दूर ही आगे गए थे कि हवा में घुला हुआ धुआँ नाक-मुँह तक आने लगा था। साथ ही ख़ेत में पके हुए बाजरे की फ़सल आग से जलकर राख़ में तब्दील हो रही थी। मेड़ पर आँखें पोंछते हुए बैठा हुआ आदमी उस ख़ेत का मालिक प्रतीत हो रहा था। फ़कीर ने उसके पास जाकर अपनी मशक से उसे पीने को पानी दिया। बैलगाड़ी वाला आदमी कुछ देर रुक कर चला गया। केसर और फ़कीर ख़ेत के मालिक के पास बैठ गए।

उस आदमी ने रोते हुए अपना दुःख साझा किया, 'मैंने तो कभी किसी का बुरा नहीं किया... फिर यह क़हर मुझ पर ही क्यों बरपा है?' फ़कीर ने उसे ढाँढस बंधाते हुए कहा, 'कई बातों का उत्तर सिर्फ़ वक़्त ही दे सकता है...परमात्मा पर भरोसा रखना...'

कुछ देर उपरान्त उस आदमी के पास बैठ कर वे आगे निकल गए।

उनकी चुप्पी में उदासी घुल गई थी। केसर ने चुप्पी भंग करते हुए फ़कीर से पूछा, साईं जी... कई लोग ग़लतियाँ करने के बावजूद भी मज़े करते हैं और कई लोगों को 'रब्ब' बिना ग़लती के ही सजा दे देता है।' केसर के स्वर में उलाहना था।

फ़कीर ने उसे समझाया, 'क्या ग़लत है और क्या सही है, इसका निर्णय तो परमात्मा को करना होता है। कई लोगों को मिली हुई सज़ा दुनिया में ज़ाहिर हो जाती है और कइयों की सज़ा परदे में ढकी रह जाती है। लेकिन, पुत्तर...अगर जो कोई किसी का हक़ हथियाता है तो उसकी सज़ा, कभी ना कभी 'रब्ब' उसे ज़रूर देता है। 'रब्ब' की लाठी की आवाज़ नहीं होती।'

'...वहाँ कर्मों का निपटारा होगा...'
फ़कीर के बोल थे।

रेगिस्तान की गहनता ने दिन को शाम के आगोश में छुपा लिया था। फ़कीर की समाधि आज लम्बे समय तक चली थी।

❖ ❖ ❖

दिन-बत्तीसवाँ

ज़िन्दगी एक शतरंज की तरह है, जीतता वही है जो अपनी चाल के साथ-साथ दूसरे की चाल की भी भनक रखता हो...

(...नेवले और साँप की लड़ाई में ज़हर किसी काम में नहीं आता)

दोपहर ढलने की कगार पर थी। दिन का चौथा पहर अभी यौवन पर नहीं आया था। शहर के बाहर वाली एक सराय देख कर फ़कीर ने केसर से कहा, 'अब हमें यहीं ठहर जाना चाहिए।'

दिन के वक़्त ठहरने की बात सुनके केसर को लगा कि साईं जी को थकान हो गई है। सराय के भीतर जाकर अभी दोनों बैठे ही थे कि कुछ देर के बाद भयंकर आँधी चलनी शुरू हो गई। काले गुबार से सारा आकाश ढक गया। अंधेरा पसरने लगा। जैसे दिन में रात हो गई थी। उड़ती हुई धूल, साँसों में घुलने से केसर को उबकाई आ गई। फ़कीर ने अपनी पोटली में से गुड़ की डली निकाल के उसे चूसने को दी। तूफ़ान से बचने की फ़िराक़ में अन्य लोग भी सराय के भीतर आ गए थे।

साईं जी, आपने कैसे जान लिया कि तूफ़ान आने वाला है...?' केसर ने आश्चर्य से पूछा।

'ज़िन्दगी, हमें आने वाली मुसीबतों के संकेत पूर्व ही दे देती है। ये संकेत या तो तजुरबों के साथ समझ में आते हैं या किसी दानिशमंद की संगत के साथ...' फ़कीर ने कहा, 'एक बार एक उम्र दराज़ बुजुर्ग, जिसके हाथ-पाँव कुछ-कुछ काँपते रहते थे, पास की किसी करियाने की दुकान से अनाज तौलने वाली तुला माँगने गया।'

'बापू... मेरे पास झाड़ू नहीं है...' दुकानदार ने कहा।

'पुत्तर... मैंने झाड़ू नहीं अनाज तौलने वाली तुला मांगी थी।' बुजुर्ग को ऐसे लगा जैसे दुकानदार ने उसकी बात अनसुनी कर दी है।

'बापू, मेरे पास छननी भी नहीं है...' दुकानदार ने कहा।

'तुम बहरे हो गए हो...?' कहते हुए बुज़ुर्ग के माथे पर सिलवट पड़ गई।

'नहीं बापू, तेरे काँपते हाथों को देखकर मुझे ज्ञात हुआ कि अनाज को मिट्टी में गिरा देगा। फिर तू अनाज के दानों को इकट्ठा करने को झाड़ू और तौलते वक़्त छननी माँगने आएगा और यह दोनों चीज़ें मेरे पास नहीं हैं...' दुकानदार ने सफ़ाई देते हुए कहा।

फ़कीर ने क्षणिक सोचने के बाद कहा, 'बात का सारांश यह है कि ज़िन्दगी में तजुरबे हमें बहुत कुछ सिखा देते हैं। दुःख-तकलीफ़ों के कड़वे-मीठे तजुरबे इन्सान को सयाना बना देते हैं। तजुरबों की भट्ठी में तपा हुआ इन्सान, पहाड़ पर दुनिया को ऊपर से देखने के लिए चढ़ता है ताकि दुनिया उसे देखे।' फ़कीर की बात सुनकर केसर को अब समझ में आने लगा कि क्यों सारा गाँव उसकी बेबे को स्यानी कहता था और मशविरा करने वालों का उनके घर में जमावड़ा लगा रहता था।

तूफ़ान अब कुछ धीमा हो गया था। ठण्डी हवा चलने लगी थी। शायद बारिश शुरू हो गई थी। सराए अब लगभग ख़ाली होने लगी थीं। केसर और फ़कीर ने वहीं सोने का जुगाड़ कर लिया।

आज ज़िन्दगी के तजुरबों की बातें सुनकर केसर को अपनी छोटी-सी ज़िन्दगी के कई तल्ख़ तजुरबे स्मरण हो आए। बापू के जाने के बाद बेबे के भोगे हुए कष्टों का रेला केसर की आँखों के सामने घूमने लगा।

बापू के जाने के बाद जब केसर अभी छोटा ही था, घर में ख़ेती को संभालने वाला कोई नहीं था। ख़ेतों में गेंहू, ज्वारे और बाजरे के बीजों का छींटा देके, बाकी कुदरत पर डोरी छोड़ने वाली बात होती थी। कई बार अनाज ख़त्म हो जाने पर बेबे केसर को खाने को चनों की 'होल्हा' भून के देती। पानी में शक्कर घोलकर पिया हुआ शर्बत याद करते हुए, केसर भीतर-बाहर से पूरा मिठास से लबालब भर गया। उसने बेबे के हाथों का स्पर्श अपने माथे पर महसूस किया। रात की चादर ने एक और दिन को अपनी आगोश में छुपा लिया।

आँखें मूँद के लेटे हुए, केसर नींद की फ़िराक में था...बेबे को स्मरण करते हुए वह उदास हो गया... एक सदी जितनी लम्बी जुदाई उसकी साँसों में रेंगने लगी। उसके दिल में आया कि वह वापस अपने गाँव लौट जाए। उसने अंधेरे में फ़कीर की तरफ़ देखा... वह समाधि लगाए हुए स्थिर मुद्रा में बैठा था...केसर उठ कर खड़ा हो गया। वह एक क़दम भी नहीं चल सका जैसे किसी ने उसकी बाज़ू को पकड़ लिया हो...

कच्चे धागे जैसे किसी शाम ने उसे बाँध लिया था। बापू को मिलने की तीव्र उत्सुकता ने उसके पाँवों को जकड़ लिया था।

उसके भीतर से एक आह निकली...'केसरा... यह पथ बहुत कठिन है। ना तो कहीं कोई गोरखनाथ ही मिलने वाला है और ना ही पक्की रस्सी जिस से तुझे कोई अंधे कुएँ से बाहर निकाल सके...' लेकिन केसर को लगा कि फ़कीर की बातें कच्चे धागे जैसी ही हैं जो उसे अंधे कुएँ में से बाहर निकाल लेंगी। केसर को किसी बचकानी आशा ने झिंझोड़ा और वह सोचने लगा... उसकी ज़िन्दगी में आई पत्तझड़ भी एक दिन ख़त्म हो जाएगी... नये पत्ते निकलेंगे, लेकिन वह अपने सूखे-ज़र्द पत्तों को भी स्मृतियों वाली पिटारी में करीने से संभाल के रखेगा।

जब मैं सूखे पत्तों की मानिंद टूटा था इकट्ठा
हो गए लोग आग लगाने को

(पत्तझड़ का गीत)

❖ ❖ ❖

दिन-तेंत्तीसवाँ

ख़ुदा...! मैं स्वयं को उस दिन धनवान समझूँगा, जिस दिन मुझे, किसी के आगे हाथ पसारने से पहले उसकी विवशता की समझ आने लगे और 'स्याना' उस दिन जब मेरा हाथ बिना विचारे किसी की सहायता को आगे बढ़ गया...

(अरदास करूँ)

कभी-कभार चलते हुए अन्य राहगीर केसर और फ़कीर के साथ आ मिलते और कभी अनंत बातों का सिलसिला आरम्भ हो जाता। आज भी सुबह ही लम्बे कुर्ते और सफ़ेद 'चादरे' वाला एक राहगीर उनके साथ हो लिया और फ़कीर से बतियाने लगा, 'दुनिया तो अब महज़ चोरों-ठगों का मेला होकर रह गई है। कोई सज्जन पुरुष अब ढूँढने पर भी नहीं मिलता।'

'बात तो तेरी सही है भाई।' फ़कीर ने 'चादरे' वाले राहगीर को कहा।

कुछ देर के बाद एक अन्य राहगीर, जिसने लम्बा डण्डा पकड़ा हुआ था, साथ आ मिला। वह डण्डे वाला राहगीर बोला, 'देखिए...मेरे अच्छे नसीब कि मुझे रास्ते में आप जैसे सज्जन आदमियों का साथ प्राप्त हो गया। दुनिया सज्जन पुरुषों से भरी पड़ी है।'

'बात तो तेरी भी सही है भाई...' फ़कीर ने डण्डे वाले राहगीर से कहा।

जब दोनों राहगीर आगे निकल गए तो केसर और फ़कीर, विश्राम करने को एक 'रेरू' के दरख़्त के तले रुक गए। केसर ने फ़कीर से पूछा, साईं जी...आपने उन दोनों राहगीरों को एक ही उत्तर दिया। वे दोनों ही सही कैसे हो सकते हैं?'

'जवान, दुनिया एक आईने की तरह है, 'जैसी दृष्टि, वैसी सृष्टि।' वे दोनों ही अपनी जगह ठीक थे। जैसा नज़रिया होगा, वैसे ही आँख को दृष्टिगोचर होगा। भैंस को फूल भी घास ही दिखाई देता है, भंवरे के लिए वही फूल महक की तरह होता है और नकारात्मक आदमी को सिर्फ़ काँटे ही दिखाई देते हैं।'

'प्रत्येक व्यक्ति तजुरबों के चश्मे के साथ दुनिया को देखता है। जो कुछ वह देख और सोच रहा होता है, उसके अनुसार वही ठीक होता है। वास्तव में कोई भी बात, ना तो पूर्णतया सच होती है और ना ही पूर्णतया ग़लत।' फ़कीर की बात केसर की सोच में धीरे-धीरे घर करने लगी थी।

दिन ढलने लगा था। आकाश में परिन्दों की कतारें घरों को वापस लौट रही थीं। बीशा दोनों के आगे-आगे चल रहा था। रास्ते में साथ पड़ते किसी घर में से लड़ने-झगड़ने की आवाज़ें बाहर तक सुनाई दे रही थीं।

'यहाँ भी लोग, हमारे गाँवों की तरह ही लड़ते हैं। स्थान बदल जाते हैं लेकिन लोग नहीं, लोग तो हर जगह में वैसे के वैसे ही हैं।' केसर ने कहा।

कुछ क्षण सोचकर फ़कीर बोला, 'मूल स्वभाव तो सभी का एक जैसा ही है। हम जो काम ज़्यादा करते हैं, वही हमारी आदत बन जाता है। कहावत है ना कि हमारे भीतर दो शेर हैं, एक अच्छा और दूसरा बुरा जो हमेशा आपस में लड़ते रहते हैं और जीतता वही शेर है जिसकी सेवा हम ज़्यादा करते हैं। इसी तरह लड़ना भी हमारी आदत में सम्मिलित हो जाता है और धैर्य रखना भी।'

फ़कीर ने लड़ाई वाले घर की तरफ़ देखते हुए कहा, 'गृहस्थ जीवन के दो पहिए हैं... समझ और सहनशीलता। आदमी और औरत सिक्के के दो पहलू होते हैं जो मिलकर एक पूरा सिक्का बनाते हैं। दोनों की उम्मीदें और चाहतें तो एक जैसी हैं लेकिन उन्हें हासिल करने के तरीके अलग-अलग हैं। एक-दूसरे का नज़रिया ना समझना ही झगड़ों का मूल कारण है।' लड़ने की आवाज़ें अभी भी आ रही थीं।

'वास्तव में, आदमी और औरत, सूरज और धरती की तरह हैं। धरती को उर्वर होने के लिए सूरज की ऊर्जा की ज़रूरत होती है, लेकिन अगर धरती का वजूद ना होता तो सूरज का मूल्य कौन जानता?? औरत के बिना ज़िन्दगी में सहजता और आदमी के बिना ज़िन्दगी में रफ़्तार नहीं हो सकती। यह अलग-अलग रंग की दुनिया को रंगदार बनाते हैं।'

फ़कीर की बातें सुनकर केसर अपने घर की औरतों... बेबे, माँ और बहन तारो के में सोचने लगा। केसर को बहन तारो की अनेक छोटी-छोटी स्मृतियाँ कुरेदने लगी थीं। उसे स्मरण हो आया कि बहन तारो के सामने उसे कोई डाँट नहीं सकता था... ना बापू, ना माँ और ना ही बेबे।

जब तारो बहन सोते वक़्त अपना दुध का गिलास, केसर को पीने को देती तो माँ तारो को बहुत प्यार से झिड़क देती, 'कुड़िए, तू आप भी पी लिया कर। तेरी सास ने तो सारा दिन तुम्हें काम पर लगाए रखना है।'

बहन तारो केसर के हाथ को चूमते हुए कहती, 'ले, मेरे लिए तीज के त्योहार का 'संधारा' भी तो मेरा वीर ही लेकर आया करेगा।'

...बहन तारो के बारे सोचते हुए केसर की आँखों के सामने मज़ार वाले मेले का दृश्य मंडराने लगा... स्मरण करते हुए केसर का दिमाग जैसे सुन्न हो गया हो...

कलेजे में से एक पीड़ा-सी उभरी... लेटा हुआ केसर एकदम उकड़ूं-सा हो गया और आँखों को कंपकंपाते हुए पोरों से ढांपकर, आँसुओं को नाहक ही रोकने का प्रयास करने लगा।

बहन तारो का चेहरा बार-बार उसकी आँखों में मंडराने लगा था। उसका रेशा-रेशा किसी अनछुई तड़प में गुंथ गया था। उसके दिल में आया कि वह अभी गाँव वापस लौट जाए और बेबे के गले लगकर बुक्का फाड़ रूलाई में डूब जाए। सो रहा बीशा थोड़ा सरका और केसर की पीठ के साथ अपनी पीठ सटा ली। साझेदारी की कोई ज़बान नहीं होती...केसर ने सोचा।

किसी अदृश्य सुकून ने उसकी
आँखों को नींद से भर दिया।

❖ ❖ ❖

दिन-चौंतीसवाँ

धारासार बारिश होने लगी। जिनके पास सिक्के थे, वे बारिश में नाचने लगे।
जिनके पास 'नोट' थे, वे डर से दौड़े और सिर छुपाने का
ठिकाना ढूँढने लगे...

(एक रूसी लोक गीत की पंक्तियाँ)

धवल बादलों ने सूरज की तपिश को कुछ धीमा किया हुआ था। मिट्टी के घरों वाले छोटे-से गाँव में पक्की ईंटों वाली दो मंज़िलों वाली एक हवेली, सभी का ध्यान आकर्षित कर रही थी। हवेली के विशाल दरवाज़े के दोनों स्तम्भों पर बने शेरों के मुँह की तरफ़ देखते हुए फ़कीर ने कहा, 'जायदादों और संपत्तियाँ अगर ज़रूरत से ज़्यादा हों या अहंकार के दम्भ की पूर्ति का ज़रिया हों तो ये पाँवों में पड़ी बेड़ियाँ बन जाती हैं। इनका मोह एक जंजाल की तरह होता है जिसमें परस्पर होने वाला प्यार ख़त्म हो जाता है।' फ़कीर ने केसर की तरफ़ देखते हुए कहा।

साईं जी... ममता और प्यार में क्या फ़र्क होता है?' केसर ने फ़कीर से पूछा।

'ममता एक मजबूरी है और प्यार आज़ादी है। ममता पत्थर है और प्यार पानी है। ममता कब्जा है और प्यार पहचान है।' फ़कीर के स्वर में रवानगी थी।

उसने बात जारी रखते हुए कहानी शुरू की, 'एक बार कोई साधु किसी ग़रीब के घर में रात भर रुका, जिसके पास सिर्फ़ गाय ही थी, इसके दूध से ही उसका गुज़ारा चलता था। उस गरीब ने साधु की अपनी क्षमता के अनुसार खूब सेवा की और गुज़ारिश की कि मुझे इस गरीबी से निज़ात दिलवाओ। साधु ने उसे पूछा, 'तू इस गाय को बेचकर कोई और धंधा क्यों नहीं कर लेता?'

'महाराज... मेरा इस गाय से बहुत लगाव है। इसकी माँ भी हमारे पास ही थी। इतनी खूबसूरत गाय हमारे पूरे इलाके में नहीं है। लोग दूर-दराज से इसे देखने आते हैं। इस गाय की वजह से ही तो मेरी इज्ज़त है। अब तो मेरा घर से बाहर निकलना

भी दूभर हो गया है, क्योंकि चोरों की आँख मेरी गाय पर बहुत देर से टिकी है।' उसने इसका कारण बयान किया।

सवेरे पौ फूटते ही साधु उस गरीब के उठने से पहले ही उठ गया और उसकी गाय को खूँटे से खोलकर बाहर छोड़ दिया और अपने सफ़र पर आगे चल दिया।

कई सालों के उपरान्त वह साधु फिर से, उस ग़रीब आदमी से मिलने आया। झोंपड़ी की जगह, अब यहाँ एक बहुत बड़ा और खूबसूरत मकान बना हुआ था।

साधु भीतर गया तो उस आदमी ने उसे पहचान लिया, सत्कार किया और बताया, 'महाराज, जिस दिन आप मेरे पास रात भर ठहरे थे, उसी रात को मेरी गाय चोरी हो गई थी। बहुत तलाशा उसे लेकिन नहीं मिली। मैं कई दिनों तक उदास रहा। फिर गुज़ारा करने को मैंने पास बहते हुए दरिया पर क़श्ती डाल ली। मुसाफ़िरों को दरिया के उस पार ले जाता और मछलियाँ पकड़कर शाम को बाज़ार में बेच आता। धीरे-धीरे मेरी कमाई में बढ़ोत्तरी होने लगी। आपके चरण मेरी झोंपड़ी में पड़ने के कारण अब मेरी गरीबी दूर हो गई है।' उस आदमी ने हाथ जोड़कर आभार प्रकट करते हुए कहा।

'वो गाय तुम्हारी रोटी-रोज़ी थोड़े थी, मोह का एक जंजाल था।' साधु ने कहा और आगे बढ़ गया। केसर को ज़िन्दगी के अर्थ अब कुछ-कुछ समझ में आने लगे थे।

सूरज कब का ढल चुका था। रातभर के लिए ठहरने के ठिकाने का अभी कोई प्रबन्ध नहीं हुआ था। चूल्हे में आग धधकने लगी थी। अंधेरा क्षण-क्षण गहरे से पसरता जा रहा था।

एक शराबी फ़कीर और केसर के सम्मुख आकर उन्हें अपशब्द बोलने लगा।

फ़कीर ने कहा, 'मानवता का सबसे पहला उसूल दया और क्षमा ही है।' फ़कीर ने फिर एक कहानी शुरू की, 'एक बार एक बोधि मठ में कोई भिक्षु चोरी करते हुए पकड़ा गया। दूसरे भिक्षु उस चोर को लामा के पास लेकर गए और उसे देश से निष्कासित करने की गुहार लगाने लगे, लेकिन लामा ने ऐसा करने से इनकार कर दिया। लामा के इस निर्णय से सभी भिक्षु नाराज़ हो गए।

भिक्षुओं की नाराज़गी को देखते हुए लामा ने उन्हें समझाया, 'मुझे मालूम है कि इस भिक्षु ने चोरी करके बहुत बड़ा गुनाह किया है, लेकिन मैं इसे अपने पास रखना चाहता हूँ ताकि यह यहाँ रहकर अपने गुनाह का पश्चाताप कर सके और आत्ममंथन

कर सके।' इतना सुनते हैं कि वह भिक्षु कालान्तर में समय पाने पर बौद्ध धर्म का बहुत बड़ा धार्मिक गुरु बना।

'जहाँ क्षमा है, वहाँ परमात्मा स्वयं विद्यमान रहता है।' फ़कीर ने कहा, 'क्षमा करना परमात्मा की स्तुति है। हम भी पावन परमात्मा का अंश हैं, इसलिए जब हम किसी को क्षमा करते हैं तो अपना स्वयं का दिल निर्मल हो जाता है।'

बदले की भावना की प्रसन्नता क्षणभर के लिए होती है।
क्षमा करने का उम्रभर के लिए ग़रूर रहता है।

केसर सोच रहा था कि किसी को क्षमा करने के लिए फ़कीर जैसा विशाल कलेजा चाहिए। दोनों ने रास्ते के साथ ही बने एक चबूतरे पर अपना सामान रख दिया। बीशे ने अपनी नाक से आसपास का जायज़ा लिया। चाँद पूरे यौवन पर था। रात की चुप्पी को तारों की रोशनी ने अपनी आगोश में ले लिया था। फ़कीर समाधि लगाकर अपनी तन्द्रा को दुनिया से हटाकर किसी दूसरी दुनिया में ले गया था।

लेटा हुआ केसर आकाश में टिमटिमाते तारों की तरफ़ देखने लगा। उसका ध्यान ध्रुव तारे पर जा अटका। उसे एकाएक जीती का बात स्मरण हो आई, जब उसने इसरार किया था कि वे जब कभी बिछुड़े तो दोनों ही ध्रुव तारे को निहारा करेंगे। वह अनमने-से टीलों की तरफ़ चल पड़ा। फ़कीर और बीशा सोए हुए थे। काफ़ी दूर तक आगे जाकर वह एक सपाट से टीले पर बैठ कर टिमटिमाते हुए ध्रुव तारे को देखने लगा। वह सोच रहा था कि जीती भी इस वक़्त इसी तारे को देख रही होगी। उस तारे में जीती का अक़्स मंडराता हुआ प्रतीत हुआ और लगा जैसे वह उसके साथ सटकर बैठी हो। सरसराती हवा ने केसर की आँखों को नींद से भर दिया। जाने कब उसे रेत की चादर पर पसरे हुए ही नींद आ गई।

बीशे के भौंकने से उसकी आँख खुली। केसर नींद से जाग तो गया था लेकिन वह हिलजुल ना सका, क्योंकि उसका आधा शरीर रेत से ढक गया था। फ़कीर ने रेत हटाते हुए केसर को उठाया...

'यह तो बीशा मुझे यहाँ ले आया था, वरना मुझे तो पता ही नहीं चलना था।' फ़कीर के स्वर में चिन्ता थी।

'रेगिस्तान में रात की चली हुई आँधी से निचले स्थान रेत से भर जाते हैं। इसीलिए हम रात को ऊँची और सपाट जगह देखके ही ठहरते हैं।' फ़कीर ने स्पष्ट करते हुए कहा।

'कुछ देर तक पौ फूटने वाली है, अब हमें अभी आगे को चल देना है।' फ़कीर ने केसर को उसके दिल में झाँकते हुए कहा।

केसर धीरे-धीरे फ़कीर के पीछे चल पड़ा। बीशा कभी फ़कीर के आगे तो कभी केसर के पीछे दौड़ते हुए खूब ख़ुश दिखाई दे रहा था।

❖ ❖ ❖

दिन-पैन्तीसवाँ

एक अक्षर पढ़ कर पूरे वाक्य का, एक पृष्ठ पढ़ कर पूरी क़िताब का और एक ग़लती देखकर पूरे किरदार का अंदाज़ा नहीं लगा लेना चाहिए...

(...काग़ज़ पर आग़ लिख देने से, कभी काग़ज़ नहीं जला करता)

चलते-चलते फ़कीर और केसर किसी जनाज़े को रास्ता देने को रुक गए। फ़कीर ने जनाज़े को देखते हुए कहा, 'जन्म-जन्मांतरों के चक्रव्यूह में, शरीर की मृत्यु एक पड़ाव की तरह है। वैसे तो एक ही जीवन में आदमी, भीतर से बार-बार मर भी सकता है।'

फ़कीर ने कहानी सुनानी शुरू की, 'सिकंदर की सेना का एक सिपाही, युद्ध में बहादुरी के कारनामों के कारण बहुत प्रसिद्ध हो गया। वह युद्ध के समय भी लोहे का कवच नहीं पहनता था। सिकंदर ने उसे अपने पास बुलाया और उसे पूछा...'मेरे बहादुर दोस्त, तू युद्ध के दौरान कवच क्यों नहीं पहनता?'

सिपाही ने सलाम करने के बाद उत्तर दिया, 'शुरू-शुरू में मैं कवच पहन कर ही लड़ता था और मेरे चोटें भी लगती थीं। एक बार एक तीर गर्दन में लगा, कई दिन मेरा इलाज चलता रहा। बहुत ज़्यादा खून बह जाने से मेरे बचने की उम्मीद कम ही थी। कई दिनों के इलाज के बाद मैं जीवित बच गया। बादशाह सलामत, मैंने मौत को बहुत क़रीब से देखा है। अब मैं अपनी फिर से मिली इस ज़िन्दगी को अल्लाह की दी हुई बख़्शीश ही मानता हूँ। मुझे अब मौत का कोई ख़ौफ़ नहीं। इसीलिए मुझे कभी कवच पहनने की ज़रूरत महसूस नहीं होती।' सिपाही ने कहा।

सिकंदर ने उठकर सिपाही को सीने से लगाया और उसे अपना नया सेनापति घोषित करते हुए कहा, 'तुम्हें कोई भी पराजित नहीं कर सकता।'

बात को जारी रखते हुए फ़कीर ने कहा, 'ब्रह्माण्ड के रहस्य को समझना भी एक कवच की तरह ही है। जब इस रहस्य की समझ लग गई तो फिर लोहे के कवच की कोई ज़रूरत नहीं रह जाती।'

'आपने कहा था कि आदमी एक ही जीवन में बार-बार मर भी सकता है, वो कैसे?' केसर ने पूछा।

फ़कीर ने गमछे से चेहरे को साफ़ करते हुए उत्तर दिया, 'इन्सान जब किसी भय, लालच या ईर्ष्या-द्वेष से कोई कार्य करता है तो हर बार उसके भीतर कुछ ना कुछ मर जाता है। फिर धीरे-धीरे वह मात्र एक चलती-फिरती लाश बनकर रह जाता है। ऐसी ज़िन्दा लाशों से दुनिया भरी पड़ी है।' कहते हुए फ़कीर के कदम शिथिल हो गए।

रास्ता सुनसान था, कोई इक्का-दुक्का राहगीर ही दिखाई दे रहा था। सामने अपनी ही धुन में गुम हुआ एक नौजवान दिखाई दिया, जिसकी कमीज़ बाजू से फटी हुई थी।

फ़कीर ने उसकी कुशल-क्षेम पूछी तो उसने बुझे मन से कहा, 'रात को हमारे गाँव से चोरों ने एक भैंस खोल ली थी। घर वालों ने शोर-शराबा किया तो गाँव के लोग उठ कर बाहर आ गए। मैंने डण्डा उठाया और अपनी घोड़ी पर चढ़े उन चोरों का पीछा किया। यहाँ आकर मैंने उन चोरों को घेरे में ले लिया, लेकिन वो एक या दो नहीं, बल्कि पूरे चार थे। उन्होंने मेरी घोड़ी को भी मुझसे छीन लिया और मेरे ही डण्डे से मेरे साथ मार-पीट की। अब मैं कौन-सा मुँह लेकर गाँव वापस जाऊँ?' केसर को यह बात हास्यस्पद लगी, लेकिन फ़कीर गंभीर था। नौजवान के पास बैठ कर फ़कीर ने कहा, 'जवान, तूने अच्छा काम करने का प्रयास किया था, क्या हुआ अगर कामयाबी नहीं मिली, अच्छा सबक तो मिला है ना? तुम गाँव वापस जाओ, लोग तुम्हें इज्ज़त मान देंगे। आगे से हर छोटा या बड़ा काम सोच-विचार कर और पूरी निष्ठा के साथ ही करना होगा।'

नौजवान ने खड़े होकर फ़कीर के चरण स्पर्श किए और वापस अपने गाँव चला गया।

'कभी किसी मुश्किल को छोटा नहीं समझना...' फ़कीर ने केसर की तरफ़ देखते हुए कहा, 'अगर बिल्ली को मारना है तो शेर को मारने जितनी तैयारी कर के जाइए।' अंधेरा पसरने लगा था। सामने एक सपाट जगह देखकर दोनों ने वहीं रुकने का विचार किया। रात पसर गई थी। ख़ेतों से वापस लौट रहे बैलों की घण्टियों की आवाज़, रेगिस्तान की उदास चुप्पी को जैसे कोई लोरी सुना रही थी।

फ़कीर अपने भक्ति इत्यादि कार्यों से निवृत होकर लेट गया था। केसर अभी लेटे हुए करवटें ही बदल रहा था। फ़कीर ने उसे जागते हुए देखकर पूछा, 'नींद नहीं आ रही...पुत्तर...? क्या सोच रहा है...?'

'बार-बार मरने वाली बात के बारे में ही सोच रहा हूँ, साईं जी। मैं तो कुछ भी सोच-विचार के नहीं करता। अब मुझे लगता है कि पता नहीं कि मैंने अपनी ज़िन्दगी में कितनी गलतियाँ की होंगी।' केसर ने बताया।

फ़कीर ने केसर के सिर को पलोसते हुए कहा, 'जाने-अनजाने में हमसे गलतियाँ हो जाती हैं। परमात्मा बख़्शनहार है, केसर पुत्तर। तुम हर रोज अरदास करके, मालिक से यही दुआ माँगा करो कि...

अगर आँख दी है, तो नज़र भी दे मालिक, जहां भी तू रखे, अपनी भी कद्र हो मालिक।

एक ही दान माँगू मैं बुद्धि और विवेक का,
बहुत कुछ दिया है, देना मुझे सब्र भी मालिक।

फ़कीर पालथी मारे हुए समाधि में लीन हो गया। फ़कीर जब सोने लगा तो केसर ने पूछा, साईं जी, आपने कहा था कि किसी मकसद के लिए जीना ही ज़िन्दगी है, ज़रूरतें तो जानवर भी पूरी कर लेते हैं। ज़रूरत और मकसद में क्या अंतर है?'

'जवान, जो कुछ भी हम अपने लिए करते हैं, वे हमारी ज़रूरतें हैं और जो कुछ भी हम दूसरों के लिए करते हैं, वो मकसद है। याद रखना ज़रूरतें सिर्फ़ मकसद की पूर्ति का ज़रिया होती हैं।' फ़कीर ने समझाया।

मकसद के बारे में सोचते हुए बापू का चेहरा, केसर की आँखों में मंडराने लगा... क्या मेरी ज़िन्दगी का मकसद बापू को गाँव में वापस लेकर आने का है? केसर का मन किसी गहरी सोच में डूब गया।

मेरी ज़िन्दगी का वास्तविक मकसद क्या है? केसर इसी उधेड़बुन में था।

लम्बी चौड़ी कब्रों पर तिनके बिखरे पड़े हैं,
उधर से कोई ना लौटा, इधर से लाखों गुज़र गए।

(पाक पतन की मिट्टी में से आवाज़ उभरी)

❖ ❖ ❖

दिन-छत्तीसवाँ

तुम्हारी कामयाबी और लोगों की ईर्ष्या में नख-मांस जैसा रिश्ता है...कई लोगों को संगीत भी शोरगुल-सा लगता है।
कोयल गाने के लिए श्रोता नहीं तलाशती, शेर को चलते हुए सलामों की दरकार नहीं होती और कामयाबी को बादलों की तरह
गड़गड़ाहट की ज़रूरत नहीं होती।

(हवा संगीत पैदा करती है...ना तो बाँसुरी से, ना ही वादक द्वारा उत्पन्न होता है...कभी किसी ने हवा को इतराते हुए देखा है??)

अभी दोपहर भी नहीं हुई थी लेकिन सूरज की तपिश हर क्षण बढ़ रही थी। घोड़ों की टाप का स्वर सुनके केसर ने पीछे मुड़कर देखा। दो घोड़े 'बग्गी' को खींचते हुए आ रहे थे। उसे सामने बैठा चालक ही दिखाई दे रहा था। 'बग्गी' उनके सामने आकर रुकी, उसमें से एक सेठ ने आकर फ़कीर के चरण स्पर्श किए और कहा, 'आइए, मेरे साथ इस 'बग्गी' में बैठें और मेरे साथ चलें। यहाँ से दो-तीन कोस दूर ही मेरा घर, शहर का सबसे आलीशान घर है। वहाँ आपको हर सुविधा मिलेगी, मेरे रसोइए के लजीज़ पकवान पूरे इलाके में मशहूर हैं।'

फ़कीर ने कहा, 'आप बहुत दयावान लगते हैं। आप पर परमात्मा की बहुत मेहर है। दावत के लिए शुक्रिया, लेकिन हम भगवान की दया से धीरे-धीरे पैदल ही चले जाएंगे। भगवान आपको सदा ख़ुश रखे।'

जब सेठ अभिवादन करके, फिर से 'बग्गी' में बैठकर चला गया तो केसर ने फ़कीर से उसके घर ना जाने का कारण पूछा। फ़कीर ने उत्तर दिया, 'क्योंकि उसकी प्रवृति सत्कार या संगत करने की कतई नहीं थी, बल्कि दिखावा करने की ज़्यादा थी। हमारा उसके घर में जाना जायज़ नहीं था।' फ़कीर ने केसर को समझाया।

'भौंडे दिखावे की ज़रूरत, आत्म-विश्वास में कमी का परिणाम होता है।' फ़कीर ने क्षणिक सोचते हुए कहा, 'झूठी शोहरत की भूख से अपना ही नुकसान होता है। शोहरत एक परछाई की तरह होती है, अगर पकड़ने की कोशिश भी करें तो हाथ में नहीं आतीं। अगर पीठ करके चलते जाओ, तो पीछे-पीछे चली आती है।'

फ़कीर ने बात सुनानी शुरू की, 'गाँव से बाहर एक पोख़र के किनारे पनपे एक छोटे से मच्छर ने अपनी माँ से पूछा, 'माँ, मैं गाँव का एक चक्कर लगा आऊँ?'

'बिलकुल जा पुत्तर, लेकिन एक बात का ध्यान रखना, किसी के बहुत नज़दीक मत जाना।' माँ ने उसे चेताया। मच्छर पूरे गाँव का चक्कर लगाकर जब वापस लौटा तो माँ ने पूछा, 'कैसा रहा...?'

'ले माँ, तू तो मुझे नाहक ही ख़ौफ़ज़दा कर रही थी। मुझे देख कर तो लोग ख़ुश ही बहुत हुए। तालियाँ ही बज रही थीं।' मच्छर ने अकड़ते हुए कहा।

बात सुनके केसर को खूब हंसी आई। फ़कीर ने कुछ देर रुक कर गंभीरता से बात जारी रखी, 'इन्सानी फ़ितरत की एक मौलिक ज़रूरत है कि लोग उसे बेहतर समझें। बेहतर कहलवाने की यह लालसा, कभी-कभार फ़ज़ीहत का कारण भी हो जाती है और यही फ़ज़ीहत ज़िन्दगी को नरक में तब्दील कर देती है।'

फ़कीर ने बात जारी रखते हुए एक अन्य कहानी सुनानी शुरू की, 'मरणासन्न एक वृद्ध बाप ने अपने इकलौते पुत्र को पास बुलाकर कहा, 'पुत्तर, यह ले पुरानी घड़ी, यह लगभग सौ साल पुरानी है, बाज़ार जाकर किसी कबाड़ी से पूछना कि कितने पैसों में बिकेगी यह?' बाज़ार से वापस लौट के पुत्तर ने कहा, 'कबाड़ी तो इसके सिर्फ़ पाँच रुपए देने में राजी हुआ है।'

'चल किसी घड़ीसाज़ से पूछ कर आ' पिता ने कहा। पुत्तर शहर के घड़ीसाज़ के पास पहुँचा और आकर बताया, 'घड़ीसाज इसके बीस रुपए दे रहा है।'

'अब इस घड़ी को शहर के अजायबघर में लेकर जा' पिता ने कहा।

पुत्तर अजायब घर जा पहुँचा। उस घड़ी की कीमत जानकर वह भागते हुए घर वापस लौट आया और ख़ुशी में झूमते हुए बताने लगा, 'पिताजी, अजायबघर में उन्होंने इसे देखते ही, इसकी कीमत पाँच हजार रुपए लगा दी।'

'बस पुत्तर, मैं यही समझाना चाहता था तुम्हें...' पिता ने कहा, 'तुम्हारी वास्तविक कीमत वही समझ सकेगा, जिसे तुम्हारे गुणों की क़द्र होगी। जलते हुए चिराग़ की क़द्र रात के अंधेरे में ही होती है।' कहते हुए पिता ने अपने प्राण त्याग दिए।

शाम ढलने लगी थी। आकाश की लालिमा धीरे-धीरे अंधेरे में विलीन हो रही थी। सामने एक छोटा-सा गाँव दिखाई दिया। पास से गुज़रते हुए एक राहगीर से ज्ञात हुआ कि गाँव का नाम 'ढाणी रामपुरा' है।

'ढाणी रामपुरा' गाँव के घर दिखाई देने लगे। छोटे-छोटे छप्परनुमा घर, आदमी की कमर जितनी ऊँची मिट्टी से बनी हुई दीवारें, ऊपर 'सरकंडे' से बनी गोलाकार छतें...देखकर केसर को अपने गाँव वाले भूसे के 'कुप्प' स्मरण हो आए।

इस इलाके में लगभग हर रोज तेज़ हवा का चलना नियमित था। घरों के चारों ओर 'सरकंडे' से बनी चारदीवारी थी, जो शायद हवा से उड़ने वाली धूल-मिट्टी से बचाव के लिए थी। घरों में चिराग़ों की मटमैली-सी रोशनी, छोटे-छोटे दरवाज़ों से बाहर झाँक रही थी...जैसे किसी की आमद की प्रतीक्षा में हों...।

पक्षियों की लम्बी कतारें, प्रतीक्षारत घोंसलों की तरफ़ उल्लास से भरे वापस लौट रही थीं। घरों में से उठता हुआ धुआँ बाहर गए कामगारों के लिए संकेत सरीख़ा था कि घर लौटने का अब वक़्त हो गया है। केसर और फ़कीर इन घरों के पास ही एक छोटे-से लाल रंग वाले मन्दिर के बाहर रातभर रुकने के लिए ठहर गए।

लेटते ही केसर, ढलते हुए सूरज को एकटक दृष्टि से देखने लगा...उसे ऐसे लगा जैसे सूरज धीरे-धीरे किसी से बतिया रहा हो...

'रात को मेरा संदेशा दे देना कि मैं उसे मिलने कल सवेरे फिर आऊँगा।' सूरज ने साँझ से कहा।

साँझ ने रात को सूरज का संदेशा दिया तो रात ने उदासी ओढ़ते हुए कहा, 'सूरज को बता देना कि मैं उसकी प्रतीक्षा में सुबह तक स्वयं को ख़त्म कर दूँगी।'

रेगिस्तान की उदास चुप्पी को किसी आह ने भंग किया, शायद यह आह साँझ की थी... या रात की थी...या जीती की...

'क्या हमारा भी कभी रात और सूरज की तरह मिलन होगा...?' जीती ने केसर से पूछा।

...केसर की आँख एकाएक खुल गई।

❖ ❖ ❖

दिन-सैन्तीसवाँ

लहराते हुए पानी में चाँद भी लहराता हुआ दिखाई देता है। स्थिर मन में ही उत्तम विचार स्थिर रह सकते हैं...

(सुकून ने उग्रता को समझाया)

दूर-दूर तक पीली मिट्टी को देखते हुए फ़कीर ने कहा, 'बीकानेर तक पहुँचने में अब तीन-चार दिन का रास्ता बाकी है।'

इतना सुनते ही केसर की धड़कन तेज़ हो गई। उसने ताबीज़ की काली डोरी को गर्दन पर ठीक से लपेटा और जेब में हाथ डालकर काले रंग वाले पत्थर को कस के पकड़ लिया। अब कहीं-कहीं गाँव नहीं सिर्फ़ पाँच-सात घरों वाली ढाणियाँ ही दिखाई देने लगी थी। आबादी कम और कीड़े-मकौड़े ज़्यादा दिखाई देने लगे थे। कभी तो कोई काला हिरण भी दिख जाता।

रास्ते में मिले उस उदास आदमी को फ़कीर ने उसकी उदासी का कारण पूछा तो उसने नज़रें झुकाए हुए बताया, 'मेरे लालची मालिक ने मुझे नौकरी से निकाल दिया है। अब तो फंदे पर लटक कर जान देने को विवश हूँ।'

फ़कीर ने कहा, 'रब्ब के बंदे...हिम्मत मत हार, परमात्मा सब ठीक करेगा। हौसला छोड़ देने से अच्छा है कि तू यह सोच कि तू अपनी त्रुटियों को कैसे सुधार सकता है? कोई भी मालिक किसी मेहनती कामगर को कभी भी नौकरी से नहीं निकालता।'

फ़कीर ने उसके पास बैठ के एक कहानी सुनानी आरम्भ की, 'एक राजा के चार सलाहकार थे। उनमें से एक बुज़ुर्ग की तनख़्वाह, बाकी के तीन सलाहकारों की तनख़्वाह के बराबर थी। उन तीनों ने राजा के पास इस नाइन्साफ़ी के विरूद्ध शिकायत की। शिकायत सुन कर राजा उन्हें महल से बाहर ले गया।

सामने से एक काफ़िला आता देख, राजा ने एक सलाहकार को काफ़िले के बारे जानकारी लेने भेजा। पहले सलाहकार ने आकर बताया कि यह काफ़िला पड़ोसी राज्य से आ रहा है। राजा ने पूछा, 'कहाँ जा रहा है...?' पहले वाला सलाहकार इससे अनभिज्ञ था। अब राजा ने दूसरे सलाहकार को भेजा। दूसरे सलाहकार ने आकर बताया कि वे बसरा को जा रहे हैं। 'किस लिए जा रहे हैं?' राजा ने पूछा। दूसरे सलाहकार को भी इसकी कोई जानकारी नहीं थी। इसलिए राजा ने अब तीसरे सलाहकार को भेजा। तीसरे सलाहकार ने आकर बताया कि वे घोड़ों की ख़रीददारी के लिए जा रहे हैं।

अब राजा ने उन तीनों सलाहकारों को इकट्ठा करके कहा, 'यहाँ आने से पहले, मुझे एक गुप्तचर ने इस काफ़िले के बारे में बता दिया था और मैंने अपने बुज़ुर्ग सलाहकार को जानकारी प्राप्त करने भेजा था। उसने एक बार में ही तमाम जानकारी लाकर दी थी, जो तुम तीनों ने तीन चक्कर लगाने के बाद अब दी है। तुम अब बताओ कि उसे तुम तीन जनों के बराबर मिलती तनख़्वाह जायज़ है कि नहीं?'

फ़कीर ने बात जारी रखी, 'जब हम अपना काम मन और ज़िम्मेदारी के साथ करते हैं तो उन्नति के रास्ते स्वयं ही खुलने लगते हैं।' वह आदमी फ़कीर की बात एकाग्रता से सुन रहा था।

'चल फिर हम तुम्हारे लिए परमात्मा से अरदास करते हैं' फ़कीर ने उस उदास आदमी को ढाँढस बंधाते हुए कहा।

'अरदासें भी कितनी बार करके देख ली हैं' उसके आवाज़ में निराशा थी।

'जवान, दिल नहीं छोड़ते...जाने कब 'रब्ब' कौन से रूप में तेरी सहायता करने आ जाए' फ़कीर ने एक अन्य कहानी सुनानी आरम्भ कर दी।

'एक बार एक गाँव में बाढ़ आ गई। सारे लोग घर-बाहर छोड़ के किसी ऊँचे टीले पर चले गए। परमात्मा में अटूट श्रद्धा रखने वाला एक आदमी, अपने घर की छत पर चढ़ कर बैठा रहा, क्योंकि उसे विश्वास था कि 'रब्ब' उसे बचाने अवश्य आएगा। जब पानी छत तक पहुँच गया तो एक आदमी, कश्ती लिए उसे बचाने आ गया लेकिन उसने वहाँ से जाने से इनकार कर दिया। बाढ़ का पानी ज़्यादा उफ़नने लगा और आख़िर वह आदमी डूबकर मर गया।

मृत्युपरान्त ऊपर जाकर उसने 'रब्ब' को उलाहना देते हुए कहा, 'मैंने उम्र भर आपकी भक्ति की है, अन्धविश्वास किया मैंने लेकिन आप मुझे बचाने भी नहीं आए।'

'मैं तो आया था, मैं तो तुम्हें बचाने के लिए स्वयं कश्ती लेकर आया था' 'रब्ब' ने उस आदमी को गले से लगाते हुए कहा।

वह आदमी अब कुछ हौसले में दिख रहा था। वह उठकर चलने लगा तो फ़कीर ने उसे कहा, 'दो चीज़ों का कभी त्याग मत करना, मेहनत और भगवान में आस्था का।'

फ़कीर की सुनाई यह कहानी आज दिन भर केसर के ज़हन में मंडराती रही। उसे फ़कीर भी 'रब्ब' का ही भिजवाया हुआ कोई आदमी प्रतीत होने लगा था।

साईं जी, आप हमेशा अरदास में बुद्धि और विवेक का दान ही क्यों मांगते हो?' केसर ने पूछा।

'पुत्तर, बुद्धिमता में ही सब नेमतें छुपी हुई हैं...' फ़कीर ने समझाया।

'वो कैसे?' केसर समझने की कोशिश कर रहा था।

'बुद्धिमान आदमी ही कामयाब और प्रसन्न रह सकता है, क्योंकि पहले तो वह किसी किस्म की इच्छा ही नहीं रखता, अब संभव ना हो तो जो काम संभव हो, उसके लिए वह जान-तोड़ मेहनत करता है, लेकिन वह अपने ज़हन में यह भी रखता है कि पूरी कोशिश करने के बावजूद भी कोई ना कोई विघ्न पड़ सकता है और अगर कोई विघ्न पड़ भी जाए तो उसका कोई ना कोई हल उसने पहले से ही सोच रखा होता है।'

फ़कीर के पीछे-पीछे चलते हुए केसर उसकी कही बात का गूढ़ रहस्य समझने की कोशिश करने लगा।

दिन धीरे-धीरे ढल रहा था। रास्ता दूर तक सुनसान था। बीशा आगे-आगे चल रहा था, जैसे उसे पूरे रास्ते और मंज़िल की जानकारी हो। कोई उपयुक्त जगह ना मिल पाने के कारण, आज रात भर रुकने का ठिकाना, रास्ते के साथ ही साफ़-सुथरी जगह देखकर रेत के ऊँचे टीले पर हो गया था। केसर आकाश की तरफ़ देखते-देखते गाँव में विचरने लगा था...अचानक एक तारा टूट के रात के अंधेरे की छाती फाड़ते हुए धरती की तरफ़ बढ़ा।

'क्या तूने भी अभी-अभी टूटे तारे को देखकर वही मांगा है, जो मैंने मांगा है?' आवाज़ जीती की थी। केसर की जागती हुई आँखें अंधेरे में जीती को तलाशने लगीं।

❖ ❖ ❖

दिन-अठतीसवाँ

जैसे पानी में जन्म लेकर, मछली, पानी की मालिकियत नहीं होती और तीर निकल जाने के बाद कमान का नहीं रहता, इसी तरह औलाद भी माँ-बाप की जायदाद नहीं होती... बस हमें आभार प्रकट करना चाहिए कि परमात्मा ने लगाम हमारे हाथों में दी है।

(रजाई में लेटे हुए सुनी हुई कहानियों में से)

टीलों से पार दिखाई देती, उगते हुए सूरज की लगभग आधी टिकिया को देखते हुए फ़कीर ने केसर से कहा, 'सूरज भी वही है और धरती भी वही है और दिन भी उसी तरह चढ़ता है, लेकिन सुबह हर रोज एक नया रंग लेकर आती है, हर क्षण हमें आश्चर्यचकित करती है, ऐसे में हमारे पास देखने वाली पारख़ी आँख होनी चाहिए' केसर चढ़ते हुए सूरज को देखने लगा।

वे थोड़ी दूर ही आगे गए थे कि एक दरख़्त के नीचे एक अधेड़ उम्र का आदमी दिखाई दिया जो अनमना-सा बैठा हुआ था। फ़कीर ने रुककर उसे पूछा, 'भले मानस, सब कुशलता से तो है ना...?'

'नहीं, साधु महाराज...! मैं बहुत दुःखी हूँ। मेरी पत्नी का देहान्त हुए चार साल हो गए हैं। अब मेरी दोनों बहुएं मुझे रोटी तक भी नहीं पूछतीं। पिछले महीने मैं घर से लड़-झगड़ कर आ गया था, तो मेरे दोनों बेटे मेरे पीछे-पीछे भागे चले आए थे और मुझे वापस घर लिवा ले आए। आज मैं सुबह से घर से हताश होकर यहाँ आया हूँ। दोपहर ढलने वाली है, अभी तक कोई भी मुझे वापस लेने नहीं आया।'

फ़कीर ने उसे ढाँढस बंधाते हुए कहा, 'हमें रिश्तों में ज़्यादा उम्मीदें नहीं लगा लेनी चाहिए, क्योंकि आशा ही निराशा की जड़ है। घर छोड़ने के फ़ैसले इस तरह नहीं लेने चाहिए। परिवार में आपस में मिल बैठ कर यह समस्या सुलझाने में ही बुद्धिमानी है। किसी अपरिचित के साथ मशविरा करने से यह समस्या विकराल भी हो सकती

है। ज़ख़्म तो ढके हुए ही ठीक लगते हैं। याद रखना...मरहम किसी-किसी के पास ही होती है, लेकिन नमक हर घर में होता है। फ़कीर ने समझाते हुए बताया, 'आदमी की ज़िन्दगी के तीन पड़ाव होते हैं। हर पड़ाव पर आदमी को समयानुसार स्वयं को बदलते रहना चाहिए।'

'पहला पड़ाव, बचपन से तीस साल की उम्र तक का होता है, जिसमें इन्सान को तालीम और नए हुनर सीखने को तरजीह देनी चाहिए...'

'दूसरा पड़ाव, तीस से साठ साल की उम्र तक का होता है, जिसमें इन्सान को परिश्रम करके धन कमाने और परिवार और समाज के प्रति अपने कर्त्तव्यों को निभाने में तरजीह देनी चाहिए।'

'तीसरा पड़ाव साठ से लेकर आख़िरी साँसों तक का होता है, जिस दौरान इन्सान को अपनी ज़िन्दगी के तजुरबों को दूसरों की सहायता करने, अपने आप को किसी पर बोझ ना बनने देने और आत्म-सम्मान को त्यागने में तरजीह देनी चाहिए।'

फ़कीर ने बात जारी रखते हुए कहा, 'लेकिन 'रब्ब' की मेहरों का शुक्रिया करना और अपने स्वास्थ्य की देखभाल करना पूरी उम्र भर के लिए नित्य का नियम होना चाहिए।'

वह आदमी फ़कीर की बातें बहुत तल्लीनता से सुन रहा था, 'उसने हाथ जोड़ते हुए फ़कीर से कहा, 'लेकिन...साधु महाराज...क्या करना और क्या नहीं करना है, यह निर्णय मेरे जैसे साधारण इन्सान के लिए इतने आसान नहीं होते...'

फ़कीर ने उसके कंधों पर हाथ रखते हुए कहा, 'फ़ैसला, जिसमें सभी का भला निहित हो, वो हमेशा ही सही होता है।'

'सही वक़्त पर लिए सही फ़ैसले ज़िन्दगी को सफ़ल बना देते हैं। हमें यह भी मालूम है कि फ़ैसले जल्दबाजी में नहीं लेने चाहिए, लेकिन हम यह भूल जाते हैं कि हर फ़ैसले लेने की तीन श्रेणियाँ होती हैं... प्रथम श्रेणी रब्ब की, जो सभी की भलाई चाहता है। दूसरी श्रेणी आदमी की और तीसरी संसार की जो अपनी-अपनी भलाई मांगती हैं। वही फ़ैसले कारगर सिद्ध होते हैं, जो इन तीनों श्रेणियों को ध्यान में रखकर लिए जाते हैं। वक़्त पर न लिया गया फ़ैसला भी हानिकारक होता है....'

पुराने समय की बात है, एक राजा अपने वजीर के साथ महल की छत पर खड़ा था। महल के साथ ही बाज़ार था। राजा और वजीर, बाज़ार में लोगों की भीड़ को छत से ही देख रहे थे। दीवाली के कारण लोग आतिशबाजी का सामान खरीद रहे थे। वजीर ने राजा को अपने घर में तैयार किया हुआ शहद का एक डिब्बा भेंट किया। राजा ने डिब्बा खोलकर शहद खाना शुरू किया तो अचानक शहद का डिब्बा महल

की मुंडेर से नीचे गिर गया। वजीर बहे हुए शहद को साफ़ करने लगा तो राजा ने यह कहते हुए उसे रोक दिया कि उसके मातहत आकर खुद साफ़ कर देंगे।'

शहद धीरे-धीरे नीचे वाली मंज़िल की मुंडेर पर जा गिरा। उसके इर्द-गिर्द मक्खियाँ भिनभिनाने लगीं तो वजीर ने फिर से गिरे हुए शहद की तरफ़ ध्यान दिलाया और कहा कि वह किसी को बुलवा के इसे साफ़ करवा देता है, लेकिन...राजा ने वजीर के मशविरे को अनसुना कर दिया।

शहद पर इकट्ठी हुई मक्खियों को खाने के लिए एक छिपकली ने छलाँग लगाई। छिपकली को देख, महल की बिल्ली ने झपट्टा मारा। बिल्ली को देख, बाज़ार में खड़ा एक कुत्ता भौंकने लगा। कुत्ते के मचे शोर को चुप कराने को आतिशबाज़ी के दुकानदार ने उसे डण्डे से भगाने की कोशिश की। उस कुत्ते का मालिक भी पास ही खड़ा था, उसने दुकानदार को भला-बुरा कहा और फिर दोनों की खूब लड़ाई हुई। लोग इकट्ठा हो गए और इसी हाथापाई में दुकान में जलता हुआ एक दीया पटाखों पर जा गिरा। दुकान में भीषण आग लग गई। देखते ही आग पूरे बाज़ार में फ़ैल गई। फिर आग राजा के महलों तक जा पहुँची। राजा अपने परिवार को महल से सुरक्षित निकालने के बाद, कभी जल महल की तरफ़ देख रहा था। कभी आग बुझाते हुए नौकरों की तरफ़ और कभी फ़र्श पर गिरे हुए शहद के डिब्बे की तरफ़...

फ़कीर ने कहानी समाप्त की तो बुज़ुर्ग ने हाँ में सिर को हिलाते हुए कहा, जैसे खुद को कुछ समझा रहा हो। अब वह इतना उदास नहीं दिखाई दे रहा था। उसने उठकर फ़कीर का आभार प्रकट किया और नमस्कार करके अपने गाँव वापस लौट गया।

सूरज आज डूबने की फ़िराक में नहीं प्रतीत हो रहा था, जैसे वो भी फ़कीर की बातों का आनन्द ले रहा हो।

अंधेरा पसरना शुरू होते ही फ़कीर और केसर एक दरख़्त के नीचे रुक गए। केसर ने जगह की सफ़ाई करके लोई बिछा दी। बीशा उसके पाँवों के पास आकर बैठ गया। फ़कीर ने माला पकड़े हुए समाधि लगा ली। केसर भी फ़कीर की तरह बैठकर ध्यान लगाने की कोशिश करने लगा। उसकी तन्द्रा एकाएक जीती पर आ टिकी... केसर की समाधि यही थी...मन स्थिर हो गया...ख़्यालों की गति धीमी हो गई...वक़्त रुक गया...अंधेरा संगीत में तब्दील हो गया।

केसर को महसूस हुआ जैसे वह ज़िन्दगी के प्रथम पड़ाव से निकलते हुए सीधे तीसरे पड़ाव पर पहुँच गया हो।

❖ ❖ ❖

दिन-उन्तालीसवाँ

नफ़रत के पीछे प्यार, अहसान-फ़रामोशी के पीछे लालच और ख़ुशामद के पीछे ईर्ष्या छुपी रहती है...चुप्पी धारण करने के पीछे छुपी उदारता होती है।

(...और देख-सुन के भी)

चलते-चलते दोपहर को फ़कीर और केसर एक धर्मशाला के सामने रुके। धर्मशाला के भीतर बहुत-से बुजुर्ग आदमी और औरतों को देखकर केसर आश्चर्यचकित था।

'ये सभी वो बदबख़्त लोग हैं, जिनसे उनके बेटी-बेटों ने मुँह फ़ेर लिया है। आजकल श्रवण सरीखे पुत्र बहुत कम हैं...केसरा, लोगों ने अपने फ़र्ज़ों को ताक़ पर रख दिया है। बहुत से लोग, हालात और ज़रूरतों के चलते बदल जाते हैं।' फ़कीर ने केसर को समझाया।

धर्मशाला की दहलीज़ पर बैठा एक आदमी, फ़कीर को देख के उठ खड़ा हुआ। उसकी गीली आँखों को देख के फ़कीर ने पूछा, 'रब्ब भला करे...इतने ग़मगीन क्यों हो...?'

'मैं इस शहर को त्याग देना चाहता हूँ...महाराज...! क्या कुछ नहीं किया मैंने अपनों के लिए, लेकिन किसी ने मेरी क़द्र नहीं जानी। लोगों की ख़ुशी की ख़ातिर मैंने अपना सर्वस्व गंवा लिया। मुझे अपने साथ ही ले जाओ, साईं जी।' उस आदमी ने उदास स्वर से इसरार किया।

फ़कीर उस आदमी के पास, धर्मशाला के बाहर बने हुए चबूतरे पर ही बैठ गया। पास ही खड़ा केसर उस आदमी की व्यथा का मन ही मन अंदाज़ा लगा रहा था। बीशा भी पिछली टाँगों पर बैठे हुए मुँह उठाए उस आदमी की तरफ़ झाँक रहा था, जैसे उससे कोई बात करना चाहता हो।

फ़कीर ने उसके कन्धों पर हाथ रखते हुए पूछा, 'क्या नाम है तेरा?'

'ख़ुशिया...ख़ुशिया सिंह...' उसने आँखों को पोंछते हुए उत्तर दिया।

फ़कीर ने उसे आलिंगन में लेते हुए कहा, 'लोगों को कभी ख़ुश नहीं किया जा सकता। तूने कभी बाप और बेटे वाली कहानी तो सुनी होगी, जिन्होंने लोगों के बहकावे में आकर गधे के ऊपर सवारी करने की बजाए, गधे को ही कन्धों पर उठा लिया था।'

फ़कीर ने बात आगे जारी रखी...'मुझे मुल्ला नसरूदीन की एक बात स्मरण हो आई। जब उसका अन्तिम समय नज़दीक आने लगा तो किसी ने पूछा, 'मुल्ला जी मृत्यु से आपको डर नहीं लग रहा?'

'नहीं...डर मौत से नहीं लग रहा' मुल्ला ने उत्तर दिया, 'डर तो सवाल से लग रहा है जो अल्लाह ने मुझसे पूछना है कि मैं ताउम्र नसरूदीन क्यों नहीं बना? मैं लोगों को ही प्रसन्न करता रहा और लोगों के अनुसार ही ख़ुद को बदलता रहा लेकिन अल्लाह ने तो मुझे नसरूदीन ही भेजा था दुनिया में।'

'इसलिए ख़ुशिया सिंह तू ख़ुशिया बन कर ही ज़िन्दगी को जीओ। 'रब्ब' की रज़ा में रहते हुए अपने फ़र्ज़ों को अंजाम दो।' फ़कीर ने उस आदमी के कन्धे पर हाथ रखते हुए आर्शीवाद दिया, 'रब्ब तुम्हें सातों सुख बख़्शे।'

वह आदमी उठा और फ़कीर को नमस्कार करके धर्मशाला के साथ ही पड़ते रास्ते पर चल दिया। उसके तेज़ कदमों से चलने से ऐसे प्रतीत हो रहा था, जैसे उसे अपनी मंज़िल का रास्ता मिल गया था।

उसके जाने के बाद केसर ने फ़कीर से पूछा, साईं जी...आप कौन-से सात सुखों का ज़िक्र कर रहे थे...?'

फ़कीर ने उत्तर दिया, 'जब मैं लगभग तुम्हारी उम्र का था, तो हमारे गाँव में एक माँगने वाला फ़कीर आया करता था, जो भिक्षा देने वालों को गाकर इन सातों सुखों की आशीषें दिया करता था...

पहला सुख निरोग्य काया।
दूसरा सुख घर में माया।
तीसरा सुख पुत्तर आज्ञाकारी।
चौथा सुख सुलक्षणी नारी।
पाँचवाँ सुख राज्य में पाया।
छठा सुख पड़ोसी भाया।
सातवाँ सुख माँ-बाप का साया।

रिश्तों की देखी-परख़ी असलियत को जानने के बाद आज केसर इसी उधेड़बुन में था। एक बार केसर ने फ़कीर से पूछा था, 'आप एकान्त में रहते हुए भी कैसे ख़ुश रह लेते हो...?'

'मैं अकेला थोड़े हूँ, मैं तो ख़ुद के साथ ही रहता हूँ।' फ़कीर ने मुस्कुराते हुए उत्तर दिया था। बीशा लेटे हुए केसर की तरफ़ देख रहा था, जैसे कह रहा हो... किसी की संगत से ज़िन्दगी का सफ़र थोड़ा आसान ज़रूर हो जाता है...केसर और बीशे की आँखें एक-दूसरे के साथ टकराईं, जैसे वो उनके अनाम रिश्ते की मूक साझेदारी की गहराई को नाप रही हों।'

❖ ❖ ❖

दिन-चालीसवाँ

पहाड़ पर खड़े होकर वादियाँ और वादियों में खड़े होकर दूर दिखने वाले पहाड़ ज़्यादा खूबसूरत लगते हैं... इसी तरह नज़दीकियाँ त्रुटियों को और दूरियाँ खूबसूरती को उद्घाटित करती हैं...

(चहचहाती चिड़िया के गीत का रूपान्तर)

'जमसर' से गुज़रते हुए, केसर का ध्यान रास्ते में लगे पुराने जंग खाये हुए बोर्ड की ओर गया, जिस पर 'बीकानेर तीस कि.मी.' लिखा था...पढ़ते हुए उसकी धड़कन और भी तेज़ हो गई। घबराहट, प्रसन्नता और डर के थपेड़ों ने केसर को भीतर तक सुन्न कर दिया। उसके दिल में आया कि वह चलते हुए, फ़कीर की अंगुली को कसकर पकड़ ले।

दोनों चलते-चलते आगे जा रहे एक साधु के पास जा पहुँचे। जटाओं वाले साधु ने अपने पूरे शरीर पर भस्म पोत रखी थी। हाथ में कमण्डल और नीचे तन पर मात्र लंगोटी के और कुछ भी नहीं पहना हुआ था।

केसर ने फ़कीर को उस साधु के शरीर पर पुती भस्म का कारण जानना चाहा तो फ़कीर ने साधु से कहा, 'योगी जी... हमारा 'गबरू' यह जानना चाहता है कि आप शरीर पर भभूति क्यों पोते रखते हो... ?'

साधु ने केसर की तरफ़ देखते हुए कहा, 'बच्चा, हम शिव के भक्त हैं। एक बार शिव जी भक्ति में लीन हुए बैठे थे। काम देवता ने अपना तीर चलाकर शिव की भक्ति को भंग करने की कोशिश की। शिव जी अपने माथे से तीसरे नेत्र को खोलते हुए काम देवता की तरफ़ क्रोध से देखा और उसे भस्म कर दिया। काम देवता की भस्म को शिव जी ने अपने शरीर पर पोत कर स्वयं को बुराइयों से सदा के लिए मुक्त कर लिया। इसलिए बच्चा, हम भी भभूति पोतकर बुराइयों से दूर रहने की कोशिश करते हैं।' साधु ने उत्तर दिया और आगे निकल गया।

वे रास्ते के किनारे एक सघन सायेदार पेड़ को देखते हुए कुछ देर आराम करने बैठ गए। कुछ बाद एक अन्य साधु भभूति पोते हुए वहाँ आकर, दरख़्त के नीचे उनके साथ बैठ गया।

केसर ने साधु को नमस्कार करते हुए कहा, 'आज आप हमें दूसरे साधु मिले हो, जिन्होंने शरीर पर भभूति पोत रखी है...'

साधु ने अपनी पोटली और कमण्डल एक तरफ़ रखकर केसर की तरफ़ देखा, 'हाँ बच्चा...बस एक कोशिश है। एक बार तपस्या करते हुए शिव जी काम की प्रबल इच्छा जागृत हुई। शिव जी महाराज ने अपने भीतर का तीसरा नेत्र खोला और काम की इच्छा को भस्म कर दिया। शिव-पुराण के अनुसार काम की राख़ फिर से शिव जी के शरीर से फूट कर बाहर आ गई।'

फ़कीर के साथ कुछ देर बतियाने के बाद साधु अपना सामान समेटते हुए उठा और 'अलख निरंजन' कहते हुए वहाँ से रवाना हो गया।

साईं जी, दोनों साधुओं ने एक ही वृतान्त अलग-अलग तरीकों से सुनाया है। यह तीसरी आँख क्या है?' केसर ने फ़कीर से उत्सुकता से पूछा।

'आत्म ज्ञान ही है यह तीसरी आँख' फ़कीर ने बताना शुरू किया, 'जब ज्ञान-रूपी तीसरा नेत्र खुल जाता है तो मनुष्य अपने मन को वश में कर लेता है। जब मन की लालसाएं वश में आ जाती हैं तो अवस्था, प्रसन्नता से आनन्द तक और आनन्द से परमान्द तक पहुँच जाती हैं।'

'लेकिन, अगर लालसाएं वश से बाहर हो जाएं तो हालत उस बोधि भिक्षु जैसी हो जाती है, जो देश के राजा का अतिथि बनकर, लगभग सवा महीने उसके महल में रहा था।' फ़कीर ने वृतान्त जारी रखते हुए कहा।

'राजा के महल में भिक्षु...??' केसर ने विस्मित हुए पूछा।

फ़कीर ने उत्तर दिया, 'हाँ, एक बार एक बोधि भिक्षु ने संसार को त्यागने के बाद बहुत भक्ति की। जंगल को ही अपना घर बना लिया।

एक दिन देश के राजा ने जंगल में से गुज़रते हुए उसकी संगत का आनन्द लिया और प्रभावित होकर उसे सवा महीने के लिए अपना शाही मेहमान बनाकर रहने की गुज़ारिश की। उसने राजा की दावत स्वीकार कर ली।

निश्चित दिन को भिक्षु राजा के महल में जा पहुँचा। राजा ने स्वागत की भरपूर तैयारी कर रखी थीं। प्रजा ने उसके गले में फूल मालाएं डालीं और फूलों की बौछार की। उसे शाही महल की बारहदरी में ठहराया गया।

भिक्षु की बहुत आव-भगत की गई। दिन व्यतीत होते गए। एक दिन सुबह-सुबह उठकर सैर करते हुए, उसने रानी की एक दासी को नहाते हुए देख लिया। उसका मन विचलित हो उठा। काम देवता ने अपना तीर छोड़ दिया था। थोड़े दिनों के बाद जब वह अपने कक्ष से बाहर ना निकला तो राजा ने अपने अहलकार को भिजवाकर उसे बुलाने का आदेश दिया और उसकी उदासी का कारण जानना चाहा, 'महाराज, अगर मेरी आव-भगत में कोई कमी रह गई हो तो बताएं?'

भिक्षु ने दासी वाला वृतान्त दुहरा दिया कि उसका कामुक शरीर उसके मन में गहरे से बैठ गया है। राजा ने गहनता से विमर्श किया और रानी के साथ मशविरा करने के उपरान्त, उस दासी को भेंट स्वरूप उसे सौंप दिया।

भिक्षु और दासी जब महलों से विदा होने लगे तो दासी ने उसे, राजा से कुछ दान के रूप में प्राप्त करने का आग्रह किया। उसकी इच्छानुसार राजा ने जो कुछ भी संभव हुआ उसे धन के रूप में भेंट कर दिया।

दूसरी रात को भिक्षु और दासी शहर के बाहर किसी कक्ष में सोने के लिए रुके। आधी रात के लगभग दासी ने उसे उठाया और उलाहना दिया कि उसके पास कोई सोने के जेवर नहीं हैं। उसने अपने त्याग की महानता का बख़ान करते हुए दासी को समझाया लेकिन वह अपनी ज़िद पर अडिग रही। दासी ने उसे महल में रानी के जेवरों वाली तिजोरी के बारे जानकारी दी और कहा कि अगर वह कुछ जेवर रात के अंधेरे में चोरी करके ले आए तो किसी को पता भी नहीं चलेगा। उस महल के भीतर जाने से किसी ने भी नहीं रोकना।

दासी के बार-बार इसरार पर भिक्षु महल में जेवर चुराने के लिए चला गया। द्वारपाल ने उसे आदर से नमस्कार करके उसे भीतर जाने दिया। दासी के निर्देशानुसार बताए हुए ठिकाने से जब वह जेवर निकालने लगा तो रानी नींद से उठ गई। खूब शोर मचने के बाद वह पकड़ा गया। उसे राजा के सम्मुख प्रस्तुत किया गया। राजा ने भिक्षु को तो क्षमा कर दिया, लेकिन उसे तुरन्त देश छोड़ देने का आदेश सुना दिया।

भिक्षु को ज़लील होते और देश छोड़ते जाते वक़्त लोग उसे पत्थर मारने लगे थे। जिन्होंने एक दिन फूल बरसाते हुए उसका स्वागत किया था।

फ़कीर ने साख़ी समाप्त करके समाधि लगाने हेतु पालथी मार ली।

रात के सरसराते हुए सन्नाटे ने केसर को प्रकृति की सरसराहट महसूस करवा दी थी।

केसर भिक्षु के बारे में ही सोच रहा था...अचानक एक स्वर कौंधा...भिक्षु के नैतिक पतन का कारण क्या था...? ...काम...दासी...स्वयं भिक्षु या राजा जो भिक्षु को जंगल से महलों तक लेकर आया था...ज़िम्मेदार कौन था...???

'अज्ञानता...' यह किसका स्वर था ? फ़कीर तो गहन समाधि में था...

आवाज़ फिर कौंधी... एक बार अंधेरे ने सूरज से पूछा, 'मेरे साथ तुम्हारी क्या दुश्मनी है...?'

'कौन-सी दुश्मनी, मैंने तो तुम्हें कभी देखा तक नहीं।' सूरज ने उत्तर दिया।

केसर को लगा कि पिछले सवा महीने से उसका ज़हन फ़कीर के रंग में रंगा गया है...जो फ़कीर की नब्ज़ को परत-दर-परत टटोलने लगा था। सब कुछ बदला-बदला-सा प्रतीत हो रहा था। केसर की नज़र ने फ़कीर के नज़रिए का जैसे कवच पहन लिया था।

❖ ❖ ❖

ढलती-परछाइयाँ

सूरज डूब चुका था लेकिन दिन अभी बाकी था। घरों से उठता हुआ धुआँ इस बात का संकेत था कि बीकानेर अब आने वाला था। बापू की आख़िरी चिट्ठी केसर की जेब में पड़ी थी। जूनागढ़ क़िले के पास पड़ती सराय का पता उसे ज़बानी याद था। केसर के मन में एक अजीब-सी परेशानी थी।

'मुझे तो अब प्रसन्न होना चाहिए' उसने मन ही मन सोचा। शायद फ़कीर से बिछुड़ने की पीड़ा या आने वाले वक़्त की घबराहट थी। वह फ़कीर के साथ-साथ चलते हुए दो कदम पीछे खिसक गया। उसने जेब में हाथ डालकर काले रंग वाले पत्थर को मुट्ठी में भींच लिया। बापू का चेहरा देखने की लालसा खुद ही दिल के किसी कोने पर उभर आई। अब बीकानेर के घर साफ़ दिखाई देने लगे, चहल-पहल भी बढ़ गई थी।

केसर ने चिट्ठी जेब से निकाली और पता एक बार फिर पढ़ा। पास ही रेहड़ी लिए हुए गुज़रते 'बीकानेरी भुजिया' बेचने वाले एक आदमी को पता पूछने को फ़कीर ने रोक लिया।

'यहाँ काले ख़ान की सराय कहाँ है...?' केसर ने पूछा।

'वहाँ पे सामने, देवी कुण्ड सागर है...वहाँ से आगे, जो पहाड़ी के ऊपर क़िला देख रहे हो ना, वो जूनागढ़ का क़िला ही है। क़िले से थोड़ी दूर आगे दाएं हाथ पर काले ख़ान की सराय है।' उसने क़िले की तरफ़ हाथ से इशारा करते हुए कहा।

क़िला लाँघने के बाद सराय का दरवाज़ा अब दिखने लगा। दरवाज़े के सामने खड़े होकर फ़कीर ने केसर को आलिंगन में ले लिया और उसके सिर पर हाथ रखते हुए कहा, 'जवाना, जा तेरा बापू तुम्हारा इंतज़ार कर रहा है...मैंने अभी बहुत लम्बा सफ़र करना है' कहते हुए फ़कीर आगे चल पड़ा। बीशा एक क्षण भर के लिए रुका, केसर की तरफ़ देखकर भौंका और भागते हुए फ़कीर के साथ जा मिला।

सराय का दरवाज़ा अधखुला था। केसर को भीतर आते ही एक खुला-सा दालान उसे दिखाई दिया, जहाँ बहुत से लोग खड़े थे, जो बातें तो कर रहे थे लेकिन

कुछ भी समझ में नहीं आ रहा था। भीड़ के ठीक मध्य में सफ़ेद चादर से लिपटा हुआ एक आदमी पड़ा था। वह अचानक स्तब्ध हुए वहीं खड़ा हो गया और धीरे-धीरे उस लाश के पास पहुँच गया। उसका हाथ एकाएक गले में पड़े बापू के ताबीज़ पर चला गया।

'कोई पंजाब से था। दस सालों से यही रह रहा था। कोई अता-पता भी नहीं है।' भीड़ में से किसी के बोल सुनकर वह जड़ हो गया था। थोड़ा साहस बटोर के वह लाश के सिरहाने खड़ा हो गया। हवा और तेज़ी से चलने लगी थी। अचानक सिर की तरफ़ से चादर उड़ गई।

'यह क्या...?' उसकी चीख़ मुश्किल से रुकी, यह तो वही लम्बी दाढ़ी वाला फ़कीर था। उसने जेब में पड़े पत्थर को कस कर पकड़ा हुआ था। दरवाज़े से बाहर आकर उसने दूर तक नज़रें दौड़ाईं, लेकिन फ़कीर कहीं नज़र ना आया। उसकी फिर चीख़ निकल गई।

'अबे पुत्तर, चीख़ें मार रहा है, लगता है आज फिर कोई डरावना सपना देखा होगा...' सोये हुए केसर के कानों में बेबे की आवाज़ पड़ी। वह एकाएक हड़बड़ा कर बैठ गया।

'मुझे क्यों पागलों की तरह देख रहा है तू...? चल मेरा 'शिन्दा पुत्तर', चाय पी ले, ठण्डी हो गई होगी अब तो, कब की तुम्हें आवाज़ें दे रही हूँ।' बेबे ने उसके सिर को पलोसते हुए कहा।

'यह सपना था...?' उसने सोचा और जेब में हाथ डाला। फ़कीर का दिया हुआ काले रंग वाला पत्थर जेब में सुरक्षित पड़ा था। वह नंगे पाँव, भागमभाग में टीले की तरफ़ भागा। फूली हुई साँसों से वह कुटिया में पहुँचा तो देखा कि एक सेवादार झाड़ू लगा रहा था।

'यहाँ कल कोई लम्बी दाढ़ी वाला फ़कीर भी आया था...?' उसने हकलाते हुए सेवादार से पूछा।

'हाँ... आया था, रातभर रुक के आज बहुत सवेरे ही चला गया। कहता था, अगर कोई जवान लड़का सवेरे यहाँ आए तो यह सफ़ेद पत्थर उसे दे देना।' सेवादार ने एक छोटा-सा सफ़ेद रंग का पत्थर उसे पकड़ाते हुए कहा।

केसर ने वो सफ़ेद पत्थर लेकर जेब से काले रंग वाला पत्थर निकाला और दोनों पत्थरों को हाथों में पकड़ के 'हलटी के चबूतरे' पर बैठ गया। उसे अद्भुत-सा एहसास हुआ और उसने आँखें मूँद लीं। अचानक उसे फ़कीर का स्वर सुनाई दिया...

'कुछ भी अचानक नहीं होता,
हमारे समझने में ही देर होती है।

ना सुख रहता, ना दुःख रहता, रात ख़त्म होती है, रोज सवेरे होती है।

आवाज़ सुनकर केसर एकदम उठकर खड़ा हो गया। इधर-उधर ताकते हुए उसने सेवादार को पुकारा लेकिन कुटिया में तो अब कोई भी नहीं था। केसर सोचने लगा कि कहीं वह सपने में कोई और सपना तो नहीं देख रहा??... और वह धीरे-धीरे गाँव की तरफ़ चल पड़ा।

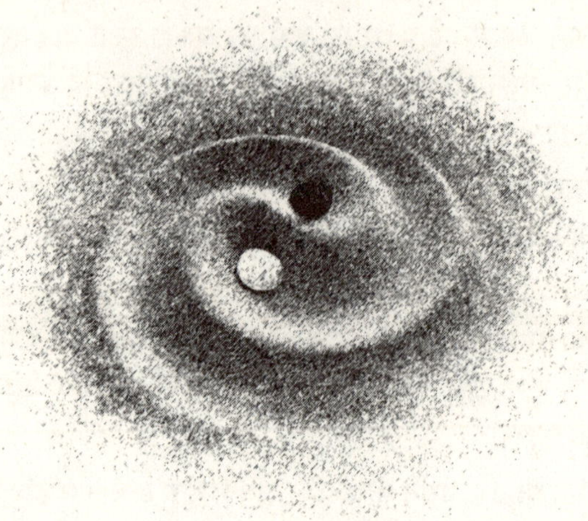